EFFICIENT COMMUNICATION

高效沟通

高山　编著

吉林文史出版社
JILINWENSHICHUBANSHE

图书在版编目（CIP）数据

高效沟通 / 高山编著 . -- 长春：吉林文史出版社，
2019.4（2021.3 重印）

ISBN 978-7-5472-6088-3

Ⅰ . ①高… Ⅱ . ①高… Ⅲ . ①心理交往—通俗读物
Ⅳ . ① C912.11-49

中国版本图书馆 CIP 数据核字（2019）第 063417 号

GAOXIAOGOUTONG
书　　名　**高效沟通**

编　　著　高　山

责任编辑　王丽环

封面设计　末末美书

出版发行　吉林文史出版社

地　　址　长春市福祉大路出版集团 A 座　邮编：130118

网　　址　www.jlws.com.cn

印　　刷　晟德（天津）印刷有限公司

开　　本　880mm×1230mm　1/32

印　　张　7.5

字　　数　170 千

版　　次　2019 年 4 月第 1 版　2021 年 3 月第 2 次印刷

书　　号　ISBN 978-7-5472-6088-3

定　　价　35.00 元

　　在当今这个高速发展的信息时代，随着传播手段的日益完善，社会竞争的日趋激烈，以及人与人之间交往的日益密切，在社会生活的各个领域，说话越来越起着举足轻重的作用。

　　在生活中，我们靠沟通维系亲情、建立友情、追求爱情，生活因此变得丰富多彩。在事业上，我们用沟通强化和维护各种关系，扩大自己的工作领域，提升自己的工作能力和办事效率，使工作变得轻松愉快，赢得更加广阔的发展空间。在个人成长中，我们用沟通获取知识、增加个人魅力，不断地壮大自己，不断地追寻或提升自己的人生目标，塑造个体的理想状态。

　　尽管我们每天都在以不同的方式进行沟通，但并不是每个人都真正懂得沟通。如何提高沟通能力和效率的确是一件令人头疼的事，也关系着每个人的职场生涯以及赖以生存的职场环境的优劣。据调查，企业中诸如工作伙伴间的矛盾和误解、低效合作、执行力差等75%的问题都是由沟通障碍引起的。

不善于沟通的人以为把自己想说的话表达出来，沟通就结束了，他们很少关注谈话对象的反应。事实上，对方不接受你，你说再多也没用，沟通质量的高低并非取决于你说了多少，而在于你被理解了多少。怪只怪我们人类的大脑太复杂、想象力太丰富，一百个人说同一句话，脑海里会浮现一百个不同的画面。如果没有进一步的有效沟通，谁也不会明白别人脑海中的画面是什么样子的，都会以为跟自己想的一样，交流的陷阱和误区就此产生了。

由于人际关系在职场中较为理性化的特点，人与人之间总是保持着一定的距离。人们为了不得罪人，总是巧妙地协调着各种利益关系，沟通时尽量掌握进退自如的分寸，说话时也总是很小心，尽量照顾到对方的感受，使自己看起来更有亲和力。

一个人的沟通力常常被当作考察这个人综合能力的重要指标，一个人的发展成功与否也往往和他的说话能力有很大的关系。因为沟通力直接影响着执行力，一个兼具沟通力和执行力的人越来越显示出独特的优势。

除了职场的人际关系，几乎所有初入职场甚至职场老手都被这类问题困扰着：怎样才能找到好工作？老板喜欢怎样的员工？怎样做才能受到同事的喜欢？怎样才能让下属配合自己工作？如何让老板看到你努力工作？如何察言观色，了解同事在想什么？如何让客户满意？这些疑问和困扰无一不与沟通密切相关。

职场沟通无处不在。工作中，我们免不了要与上司、同事、下属进行沟通，甚至和竞争对手也在以某种特定的方式，无时无刻不在进行着沟通，人们通过沟通化解矛盾、提高执行力及工作效率。可以说，沟通质量在某种程度上体现的是你的工作能力、职业素养，以及职位的高低，沟通决定着工作的好坏，也决定了职场的成败。

众所周知，职场精英人士多以精练、简洁，以及时效性和个性化的方式与人沟通，这些都是每个职场人学习的沟通要旨。不懂沟通，无法用圈内语言恰当地交流，在职场中就会寸步难行，经常碰壁，甚至引来嘲笑和不满。只有不断提升沟通能力，你才会渐渐走出人际困境，带着乐趣游刃有余地与工作中接触到的各种人周旋。

正是基于这样的认识，我们为处于激烈的社会竞争和复杂的人际关系中的职场人士量身打造了《高效沟通》这本书，本书收录了大量职场高效沟通的案例与人际交往的经验，其中的内容并非空洞乏味的理论，而是包含了许多简单实用的方法与技巧。

说话是一种生活态度，沟通是一种积极的信念。有人说：人生的意义就在于分享和表达。试想一下，没有分享和表达的人生该有多么凄凉和无趣，更谈不上体现自我的人生价值和生命意义了。当然，分享与表达有很多形式，除了说话、唱歌、音乐、舞蹈、绘画都可以很好地分享与表达，每个人都有自己擅长的表达方式。但是在职场中，良好的口头表达能力无疑是你事业晋级最有力的法宝。

本书内容深入浅出，对职场沟通中的各个节点都有具体的论述，符合当下职场生活的实际。若想提高自身的沟通能力，读懂对方的弦外之音，高质量地表达自身的想法，顺利使用圈内语言进行沟通，获得更多的理解和支持，就请翻阅这本书。书中有针对性地提出、分析和解决了职场上客观存在的重点问题，你可以从书中了解到如何与上司、同事、下属等工作伙伴相处，懂得如何洞察他们的内心，并

自信自如地与之交往。同时，对工作效率低下问题也会有更深刻的
认识，进而掌握有效的方法创造业绩。良好的沟通带来良好的人际
关系，良好的人际关系让人创造阳光的职场状态，并以崭新的自我迎
接职场人生。

CONTENTS
目 录

1

EFFICIENT COMMUNICATION

第一章

注重沟通效率, 最终决
定沟通的效果

在职场上，高效沟通意味着良好的企业管理和良好的职场人际关系。沟通是职场活动的重要组成部分，不同的沟通者具有不同的沟通水平，不同的沟通水平决定着不同的职场高度，甚至人生高度。要想高效沟通，至少要先能做到有效沟通。沟通越有效，说明沟通者之间的默契度越高，越容易达到高效沟通的目的。

人与人之间需要靠沟通来连接

研究人员很早就开始将沟通视为一门社会科学。人类最早的沟通模式是线性沟通，这种沟通模式非常简单，就是一方传输信息，一方接收信息。

大家都知道可乐的酸性很强，有人试着把鸡骨头放到可乐里观察，发现鸡骨头在两天的时间里重量减轻了一半，一个星期以内就会完全溶解。这是因为可乐里面含有大量的磷，磷会带走很多钙剂。尽管大家公认喝可乐有害身体健康，但依然有很多人喜欢喝可乐，人们会说："应该没有那么危险吧？喝可乐才觉得自己像现代人嘛。"

喝可乐的人会找理由说服自己或者他人去喝这个对身体健康没有好处的东西，这种想法传递的过程就叫沟通。

在早期的线性沟通中，人们会把说话和倾听当成沟通的全部内容。但是当两个人面对面不说话时，是不是就意味着沟通终止呢？显然不是，因为沉默本身也是一种沟通方式，沟通双方可以相互观察，通过肢体语言和面部表情获得相关信息。两个许久不见的老朋友碰面也未必会亲切地寒暄，有时候简单的微笑或者拥抱就可以表达久别重逢的喜悦。事实上，非语言的沟通方式普遍存在于人们的日常交际中。

现代人出现以后的大约 1 万年中，全世界的陆地动物有 80% 都灭绝了，其中人类占了很大一部分原因。不管这些灭绝的动物有多么凶猛，在人类的面前都显得很无力，这是因为人类有两大优势：一个是劳动；一个是沟通。

在漫长的人类发展史上，沟通不仅可以提升个人的劳动能力和水平，使人类作为个体的综合能力丰盈起来，同时还可以凝聚群体的力量，产生合作。沟通合作解决了人类个体所不能为的事情，它把几个人乃至几代人的力量汇聚在一起，使人类不断突破，不断发展。

人的沟通能力随着大脑、生理结构的发展而发展，沟通的信息传递也越来越复杂、越来越准确、越来越高效。随着科技的不断进步，研究人员从电子媒介中找到了沟通的属性。

腾讯之所以有着很强的用户黏度，很大原因是因为它能很好地解决人与人之间的沟通问题。对广大网民来说，上网聊天就用微信。另一个例子，阿里巴巴解决了销售平台的问题，因此得到了长足的发展，而销售平台问题实际上也属于信息沟通问题。

今天，像 facebook、苹果、阿里巴巴、腾讯等市值可观的企业都是在为人们解决沟通问题的背景下应运而生的。

如果人类社会是网，那每个人就是网的结点，人们之间必须有线。如果人和人之间没有线来连接，社会就不再是网，而是一堆点，社会也就不能称为组织，不能称为社会。而这条重要的线，就是人与人之间的沟通。

善于与人沟通的人，一定也是善于与人合作的人；反之，则一定不善于与人合作。沟通的本质就是合作。

日籍美国人基思·雅马希塔，年满 36 岁时就让世人对他的"地震般的变化"刮目相看。惠普、梅塞德斯—奔驰、美国公共广播服务团队（PBS）、柯达、索尼、迪斯尼、网景和 IBM 这样的世界顶尖团队都成了基思·雅马希塔合作团队的客户。如果没有独到而有效的方法，那些大团队怎么会心甘情愿地掏腰包呢？《财富》杂志和《快速团队》杂志对基思·雅马希塔进行采访后才知道，他的自立名言只有简单的几个词而已：远景、沟通、文化、品牌、客户经验和领导。

很显然，基思·雅马希塔的成功除了来自自身独到的思维和创新，更重要的是他本人善于与人沟通合作。

《马克思恩格斯选集》里提道："人的本质不是单个人所固有的抽象物，在其现实性上，它是一切社会关系的总和。"人无一不与"沟通"和"合作"有着直接或间接的内在联系，这也是为什么人和人需要用沟通来彼此连接。

杀毒软件行业是一个需要时刻与合作伙伴联络的行业，团队必须使客户时刻了解新的病毒、威胁和攻击的动向。因此，时间在这一领域是一个关键因素，而仅仅将警告和通知及时发布在团队网站上是远远不够的。

杀毒软件团队须具有前瞻性地直接与客户互动或是通过合作伙伴网络确保客户真正得到保护，如果这种联络流程受到破坏，导致终端用户无法及时获取信息，他们就将面临灾难性的数据丢失和代价高昂的故障停机时间。相反，出色的联络流程能使他们很好地维护股东的利益，并拥有忠诚度高的合作伙伴和客户。

沟通渗透在人类方方面面的活动中，美国的普林斯顿大学做过一个调查，调查显示在所有影响工作表现的因素当中，沟通占了75%，这主要是因为沟通的质量会直接影响到工作的质量。

在职场中，人们完成合作任务时，如果被动地工作，那么合作成效在很多地方是不会令人满意的。因为心甘情愿的合作态度对团队具有重要的影响，而这种合作态度正是依靠沟通的手段来实现的。

美国有家公司对 11000 名人员进行了执行力检测，报告表明，如果一个公司的执行力不好，原因有五条：

第一，组织缺乏明确的目标，不到 15% 的受测者可以说出组织的目标。

第二，成员不认同组织的目标，只有 10% 的受测者表示认同。

第三，目标和成员之间缺乏联系，只有 10% 的受测者了解目前的工作和组织目标的关系。

第四，缺少坦率的沟通，只有 1/3 人认为自己可以明确与人坦率沟通。

第五，成员不能够认识到自己的责任，低于 1/3 的人清楚自己应承担的责任。

综上所述，通过各种手段让更多人认识自己、了解自己，以便得到支持与配合，这就是沟通的内涵。沟通可以力寻积极的思想、力排一切消极因素，最终达成共存的双赢基点，这是和谐社会的基本保障。一个人想拥有美满幸福的家庭，想建立起良好的人际关系，想获得事业上的成功，就必须致力于有效的人际沟通。

你是不是对沟通有什么误解

在日常生活中，人们常常会发现自己与其他人进行沟通的时候，往往会存在很多问题和障碍。有时候，人们想与他人沟通，却被笨拙的表达阻碍了正常的交流。当双方显示出良好的沟通态度和意愿时，整个谈话却磕磕绊绊，难以做到顺畅沟通。

有时候，一方想要表达这样一个意思，说出来以后却常常被对方误解，甚至令对方完全无法理解这件事情，导致两个人的交流不在一个维度上。而对方则觉得发言者没有将事情说清楚，没有将自己的观点完整地表达出来，因此才导致自己难以理解。

金鸣毕业后进入一家承办大型企业会场策划的公司工作。作为一名应届生，金鸣深知自己经验不足，需要勤加努力，所以经常是第一个到公司，最后一个离开公司，在工作上任劳任怨，深得项目经理郑通的喜欢。

郑通为了让金鸣尽快成长，带着他和另外几个老员工去深圳为一家大客户筹备一场重要会议的会场。经过多方努力，客户公司的会议成功举行，甲方老板也对郑通带领的团队合作能力极为认可。可是，中间发生了一个小插曲，让金鸣追悔不已。

事情的经过是这样的：在布置会场期间，甲方老板和主要负责会场统筹的总监吴迪亲临现场，甲方老板随口询问现场："现场布置还有什么欠缺吗？"金鸣离甲方老板最近，便回答说："椅背上的姓名牌上的名字太小了，材质也不够好。"

甲方总监吴迪的脸色瞬间变得很阴沉，因为前期都是吴迪和郑通对接会场布置的大小事宜的，双方也是在权衡之下定下了现在的名牌，并在不会影响会议品质的基础上达成了共识。这件事后，在甲方老板的要求下，全会场的姓名牌被连夜换新，金鸣意识到自己一时口快闯下了大祸。郑通私下和吴迪解释金鸣是个应届生，犯这种低级错误还请多多谅解。吴迪虽然嘴上说没事，可是从后期的合作中可以看出来他一直心怀芥蒂，双方的合作和沟通都不复之前的默契了。

初入职场的新人常会在工作中磕磕绊绊，很多时候都是因为与人沟通出了问题。金鸣事件其实是应届生初入职场常见的情况，但是合作方不会因为你是应届生而对你特别宽容，所以虽然金鸣及时发现了自己失言，但还是对双方的合作产生了一些不好的影响。其实，大多数时候，职场中的新人甚至不知道工作不顺的问题出在了哪里。那么，为什么因为沟通问题产生隔阂的事普遍存在夫妻之间、朋友之间、合作伙伴之间、上下级之间呢？这是因为我们可能对沟通存在着误解。

误解一：语言对说话者和听话者意思是一样的

有一个广为人知的笑话：有个人请客，看看快到开席的时间了，可还有一大半的人没来，心里很焦急，便自言自语地说："怎么搞的，该来的客人还不来？"一些敏感的客人听到了，心想："该来的没来，那我们是不该来的了？"于是悄悄地走了。

主人一看到这种情况，更着急了，便说："怎么这些不该走的客人，反倒走了呢？"剩下的客人一听，想："走了的是不该走的，那我们这些没走的倒是该走的了。"于是也都走了。

最后只剩下一个跟主人比较亲近的朋友，他看到这种尴尬的场面，就劝其说："你说话前应该先考虑一下，否则说错了，就不容易收回来了。"主人大叫冤枉，急忙解释说："我并不是叫他们走哇。"朋友听了大为光火，说："不是叫他们走，那就是叫我走了。"说完，头也不回地离开了。

如果语言对说话者和听话者的意思是一样的，那沟通就真的变得很简单了，就没有所谓的对牛弹琴了。

误解二：沟通主要靠语言

管理大师德鲁克说："人无法只靠一句话来沟通，总是得靠整个人来沟通。"在一场沟通中，肢体语言传达的信息占 55%，语音语调占 38%，语言仅占 7%。所以，洞察肢体语言可以让我们更好地理解他人的情绪、态度和观点。反过来，为了更好地传情达意，获得更多的理解与支持，我们也该善于运用肢体语言。

误解三：说什么比怎么说更重要

语言的沟通是所有沟通方式中最便捷、最传神，也是最直接的一种，尤其是在高度信息化的今天，语言表达能力已成为关系成败的重要因素。在欧美等发达国家，"舌头、金钱、电脑"并称为成功的三大法宝，口才还被公认为现代领导人必备的素质之一。所以，说什么重要，怎么说更重要。一个意思，不同的说法，产生的效力也就大不一样。

误解四：沟通是信息从讲话者到倾听者的单向流动

发送者把他想表达的信息、思想和情感通过语言发送给接收者，接收者接收到信息、思想和感情之后，会以各种方式给对方反馈，这就是一个完整的双向沟通过程。只有信息的发送而没有信息的接收，沟通是不完整的。同样，只有信息的发送而没有信息的反馈，也无法实现有效的沟通。

在信息时代，沟通的重要性显而易见，无论生活还是工作，都离不开沟通。可以说沟通构成了社会生活的主要内容，也为社会关系的建立奠定了基础。正因为如此，合理、有效、高效的沟通才显得尤为重要，而想要做到这一点，就需要我们认识到自身存在的对沟通的误解，并尽己所能去改正，这样才能在职场中占有一席之地。

是什么阻碍了我们彼此间的沟通

好的沟通状态有助于建立良好的人际关系，打造和谐、友爱、团结、融洽的人际交往环境，使人们形成互相尊重、互相关照、互相体贴、互相帮助的良性人际关系。

许多人都希望自己可以愉快、顺畅地与他人交流，希望自己可以更好地与他人进行思想上的沟通。但是在沟通过程中总是存在着一些障碍，影响到我们的沟通水平和沟通效果。沟通障碍就是指信息在传输和交换过程中，信息意图受到外在环境或者参与者的能力、心态、渠道的干扰，导致对沟通产生误解、损耗和失真的现象。

猫到林中捕鸟，遇到了一只关系不错的麻雀，麻雀问："亲爱的猫大哥，你到哪里去啊？"

"我去林子里捕鸟。"猫答道。

"啊，猫大哥，千万别伤害我的孩子。"

"你的孩子长得什么样啊？这可得让我知道。"

"我的孩子啊，长得最漂亮。"

"知道了。"猫认真地回答，麻雀放心地飞走了。

猫在林子里找来找去，鸟巢里尽是一些美丽的小鸟，猫都担心是麻雀的孩子而不敢下手。终于，他发现了一群长得非常"难看"的小鸟，于是猫放心地饱餐了一顿。

猫回家的路上，又碰到了麻雀。猫说："你放心吧，我吃的是最丑的鸟。"麻雀回家一看，她的"漂亮"的孩子一个都不见了，窝里还有几根猫的胡须。

上述故事中的悲剧之所以会发生，就是因为麻雀和猫的沟通存在障碍。麻雀说自己的孩子"漂亮"，但"漂亮"的定义在不同的人眼中是不同的，所以猫把它认为"丑"的小鸟都吃掉了。事实上，在日常生活中，这样的沟通障碍是比较常见的。这是因为语言容易受到个人阅历、年龄、国家、民族、地域等的影响。通常，沟通者之间会因为语言不同、知识结构和水平不同、表达能力不同、理解能力不同等，存在不同程度的沟通障碍。

许多人都有这样的经验：当人们面对面直接交谈的时候，往往可以将大部分信息传递给对方，但是如果中间多了一个转述者，信息的准确性和完整性就很容易受到影响，因为转述者可能会按照自己的理解过滤、增添甚至是修改部分信息，导致传递的内容发生变化。

小伙子跟一个姑娘热恋了，但好景不长，美国宣战，小伙子被迫入伍远赴战场。之后，小伙子只能以写信的方式来寄托自己的相思之苦，不管是在战斗的间隙还是在战壕静守，不管是白天还是黑夜，只要一有空，小伙子就会给姑娘写信。几年后，战争结束了，小伙子荣归故里，姑娘也准备好当一名幸福的新娘，但新郎不是小伙子，而是常常给姑娘送信的邮递员。

一般情况下，沟通的步骤越多，沟通的转述者越多，沟通的效果就越差，沟通的效率也越低，导致沟通的目的越难达成。为了避免在沟通过程中出现这种"为他人作嫁衣裳"的情况，我们要尽量减少利用转述者帮我们完成沟通和反馈。

在沟通中，如果沟通双方感情不和、关系不好，又或者存在思维的对立和立场的对立，那么双方在沟通中肯定难以达成一致。有时候，一方会故意对另一方挑刺，指责和批评对方，导致双方难以达成统一；有时候，一方会故意传递错误的、虚假的信息给对方，导致双方之间产生更大的隔阂。在很多时候，人们的沟通方式、沟通态度、沟通机会都会阻碍沟通，影响沟通的效果。

在美国经济大萧条时期，有一位姑娘好不容易找到了一份在高级珠宝店当售货员的工作。在圣诞节的前一天，店里来了一位30岁左右的顾客，他衣着破旧，满脸哀愁，用一种奇怪的目光盯着那些高级首饰。

姑娘在接电话时，一不小心把一个碟子碰翻，六枚精美的戒指落到地上，她慌忙去捡，却只捡到了五枚，第六枚怎么也找不到。这时，她看到那个30岁左右的男子正向门口走去，顿时意识到戒指被他拿去了。就在男子的手将要触及门把手时，她柔声叫道："对不起，先生！"那男子转过身来，两人相视无言，足有几十秒。终于，男人打破沉默，开口问道："什么事？"他脸上的肌肉在抽搐。

"先生，这是我头一份工作，现在找个工作很难，想必您也深有体会，是不是？"姑娘神色黯然地说。男子久久地审视着她，终于一丝微笑浮现在他的脸上，他说："是的，确实如此。但是我能肯定，你在这里会干得不错。我可以为你祝福吗？"他向前一步，把手伸给姑娘，姑娘也伸出手，两只手紧紧地握在一起。

男子转过身，走向门口，姑娘目送他的背影消失在门外，然后转身走到柜台前，把手中的第六枚戒指放回了原处。

这则故事中两位主人公之所以能有效沟通，很大程度上是因为没有彼此对立。在《非暴力沟通》这本书中，作者把道德评判、进行比较、回避责任和强人所难列为"异化的沟通方式"，作者认为这种异化的沟通方式虽然致力于满足某种愿望，却倾向于忽视人们的感受和需要，以致彼此疏远，甚至互相伤害。

当沟通的一方对另一方不信任，缺乏安全感，或者沟通双方互不信任时，整个沟通就会陷入互相防备的状态。这个时候，一方或者双方可能会担心沟通给自己带来一些负面影响，并因此采取防备心态，使得沟通双方难以深入交流。如果一方放下防备，沟通便会慢慢顺畅起来。

在沟通过程中，如果环境不好，沟通就容易受到干扰。常见阻碍沟通的环境包括比较嘈杂或是人多的环境，尤其是当有一些不相干者在场时，人们会担心自己的一些重要信息泄露出去，如此种种都会导致沟通不畅。

正因为如此，想要确保人与人之间的沟通更加高效，想要让彼此之间的沟通带来更多的价值，就需要想办法克服沟通中的诸多障碍，积极提升沟通的质量和效率。

避免在错误沟通的路上越走越远

在所有的沟通障碍中，沟通方式的不合理往往是沟通低效的重要原因，几乎有一大半的无效沟通或低效沟通都源于错误的沟通方法。当一个人深陷错误的沟通方式中不能自拔的时候，他在试图说服和影响他人的过程中就会屡屡碰壁。

人们都渴望拥有良好的沟通氛围，希望让彼此拥有一个比较舒适的沟通环境。但是，营造良好的沟通氛围并不意味着人们应该对他人的一些错误行为视而不见，也并不意味着人们应该对他人的不良表现作壁上观。作为沟通的参与者，人们应该保持积极的互动意识，在表达自己观点的同时，也要注意对他人的想法进行评价，纠正他人的一些不正当行为。如果害怕发生冲突而维持一个虚假的平衡状态，反而丧失了沟通的真正意义。

还有一种情况，它与不敢说话、不敢提出反对意见相反，有些人乐于对他人进行指责和纠正，但是他们会将自己的批评当成一项富有攻击性的工作。这类人批评他人的目的并不是完善彼此之间的交流，也不是为了纠正对方错误，而是单纯地想要发泄自己内心的不满，或是想要体现自己的优越性，因而他们的批评和指责会表现得过分情绪化。这种情绪化表达容易让人感到批评者是对人不对事，是在有意制造争端和难堪，因此双方之间的沟通常常会从纠正错误转变为相互争吵。

龚浩是公司销售部的一名员工，为人比较随和，不喜争执，和同事的关系处得都比较好。但是前一段时间，不知道为什么，同一部门的裴骏老是处处和他过不去，有时候还故意在别人面前指桑骂槐，与龚浩合作时，也总是有意让龚浩负责更多的工作，甚至还抢了龚浩的好几个老客户。

起初，龚浩觉得都是同事，没什么大不了的，忍一忍就算了。但是裴骏总是如此嚣张，龚浩终于忍无可忍，一赌气告到了经理那儿，经理把裴骏批评了一通，龚浩和裴骏从此成了冤家。

在这个案例中，龚浩显然采取了错误的沟通方式。首先，他应该在最初发现同事处处和他过不去的时候就找机会与同事沟通，找到问题的症结所在，但是他选择忍让，他的忍让也是一种无声的沟通，传达给同事的信息是"没关系，你可以得寸进尺"，这就导致了两个人之间的问题和矛盾越来越多；其次，当龚浩不准备再忍让的时候，他终于想到了面对面沟通，但他选错了沟通对象，两个人的矛盾就应该由两个人解决，龚浩却让第三方插足，这样只会让事情"剪不断，理还乱"，越来越糟。

在日常生活中，人们常常会像龚浩一样使用错误的沟通方法，这些错误的沟通方法就是影响沟通效率和效果的重要因素。因此，我们每一个人都应该学会主动、真诚、有策略地沟通，这样才能化解很多工作与生活中的误会和矛盾。

另外，越界沟通也是常见的错误沟通。通常情况下，每次沟通都有一个特定的主题，沟通者会针对这个主题进行交流，发表自己的观点，对他人的观点给予必要的反馈。可是有些人在沟通中总会扩大主题，将话题拓展到一些不相干的事情上去，尤其是当他们准备给予一些负面的反馈时，常常将对方其他方面的不合理行为也拿出来讨论，这样的沟通就超越了既定的沟通范围，不仅容易出现跑题的情况，还容易引起对方的不满。

在日常沟通中，很多人会本能地猜测他人的意图："我觉得你一定会这么做""我以为你已经同意了"，这类猜测往往没有太多根据，仅仅是谈话一方的主观臆测，而这种臆测可能会错误地理解他人的做法和想法，并导致沟通陷入僵局。

清朝有一个人叫曲洪基，慈禧非常喜欢他，他是军机处大臣，相当于今天的国务院副总理。慈禧有意把现任的军机处大臣去掉，把曲洪基升上来，曲洪基揣摩出了慈禧的用意，心中甚喜，然后回到家里跟他老婆讲了这件事。他老婆听了也很高兴，打牌的时候跟她的三个牌友讲了，她的三个牌友回家跟她们的老公讲了，这三个女人的老公有两个是办报纸的，其中一个是《京报》创始人，还有一个是《泰晤士报》驻北京的记者。

没多久，报纸就把这件事登了出来，所有的人都知道了，许多外国使节就跑到慈禧那里说："听说您要换大臣，我们不同意。"慈禧满腹疑问：这事还在我肚子里呢，我只跟曲洪基讲过呀，怎么所有的人都知道了。慈禧对他们说："绝对没这么回事，你们回去吧，不可能。"把这些使节打发走后，就把曲洪基叫来，知道了事情的原委后，把曲洪基打发还乡了。

在沟通中，及时了解他人的想法至关重要，上述案例中的曲洪基虽然聪明，但只是小聪明。因为他只了解到了慈禧的一层意思，而没有察觉到另一层意思。慈禧对曲洪基本人都没有直接说明这件事，自然就不想让这件事被别人知道，可曲洪基只知其一不知其二，结果生生断送了自己的大好前程。

在沟通中，及时了解他人的想法可以帮助我们提前制定针对性的沟通措施。了解他人的想法需要出色的观察能力和感知能力，需要对相关信息有充分的理解，最好经由对方的嘴直接说出来。必要的时候可以直接征求他人的意见、询问他人的想法，而不是盲目地自作主张。

还有一些人将沟通当成一种竞赛，认为自己一定要比对方说得更好，一定要比对方更占优势，这样才能在沟通上"碾压"对方。他们常常会提醒自己："我要说服对方""我要让对方放弃他的观点""我要证明自己的想法是对的"。可实际上，沟通的目的并不是单纯地让对方臣服自己，而是实现互动交流，保证双方可以互相补充、互相完善。所以，我们说出的每个观点都要基于讨论本身，否则整个沟通过程就会陷入相互争吵的不利局面之中。

总而言之，沟通的目的是实现交流，将相关话题描述清楚，并尽可能和沟通对象达成一致。在达成一致的过程中，可能需要克服分歧，需要相互补充和完善信息，需要给自己和他人创造更好的沟通氛围，而这所有的一切都是良性沟通的一部分。如果有人试图打破这些规则，制造新的对立和话题，就会破坏沟通参与者最初建立起来的默契和协议，这个时候，沟通本身也就失去了意义和效果。

简单了解无效、有效和高效沟通

在生活中，不同的人由于沟通能力的差别，往往会有不同的沟通效果。有的人能够和别人愉快地交流，还能顺利地将信息传递出去；而有的人想尽办法也难以与他人产生默契，彼此之间的交流常常受挫；有的人在短时间内就可以将事情讲清楚，而且能够顺利说服他人；而有的人往往耗费很长时间也无法把事情的来龙去脉说清楚。对不同的沟通效果进行总结归纳，可将其大致分为三个层次：无效沟通、有效沟通和高效沟通。

众所周知，沟通主要包含三个基本要素：两个或者两个以上的人、信息发起方的沟通刺激、信息接收者的反馈和回应。无效沟通一般是指沟通刺激不到位，无法引发及时有效的反馈，导致沟通陷入困境。

刘盈毕业于广州某大学的人力资源管理专业。临毕业前，刘盈经过将近一个月的反复投简历和面试，在权衡了多种因素的情况下，最终选定了上海市一家研究生产食品添加剂的公司。她之所以选择这家公司，是因为该公司规模适中、发展速度很快，最重要的是该公司的人力资源管理工作还处于尝试阶段，如果刘盈加入，将是人力资源部的第一个人，因此她认为自己施展能力的空间很大。

但是到公司实习了一个星期后，刘盈就陷入了困境。这是一家典型的小型家族企业，公司中的关键职位基本上都由老板的亲属担任，其中充满了各种裙带关系。尤其刘盈的临时上级是老板的大儿子，这个人主要负责公司的研发工作，根本没有管理理念，更不用说人力资源管理理念了。在他的眼里，技术才是最重要的，公司只要能赚钱，其他的一切都无所谓。刘盈认为越是这样，就越有自己发挥能力的空间，因此在到公司的第五天，刘盈就拿着自己的建议书走向了直接上级的办公室。

"邵经理，我到公司已经快一个星期了，我有一些想法想和您谈谈，您有时间吗？"刘盈走到经理办公桌前说。

"来来来，小刘，早就应该和你谈谈了，只是最近一直扎在实验室里就把这件事忘了。"

"邵经理，对于一个企业尤其是处于上升阶段的企业来说，要持续企业的发展必须在管理上狠下功夫。据我目前对公司的了解，我认为公司主要的问题在于职责界定不清；雇员的自主权力太小，致使员工觉得公司对他们缺乏信任；员工的薪酬结构和水平的制定随意性较强，缺乏科学合理的基础，因此薪酬的公平性和激励性都较低。"刘盈按照自己事先所列的提纲开始逐条向王经理叙述。

经理微微皱了一下眉头说："你说的这些问题我们公司也确实存在，但是你必须承认一个事实，我们公司在盈利中，就说明我们公司目前实行的体制有它的合理性。"

"可是，眼前的发展并不等于将来也可以发展，许多家族企业都是败在管理上。"刘盈接过经理的话说。

"那你有具体方案吗？"

"目前还没有，这些还只是我的一点想法而已，但是如果得到了您的支持，我想方案只是时间问题。"刘盈信心十足地答道。

"那你先回去做方案，把你的材料放这儿，我先看看然后给你答复。"说完，经理的注意力又回到了研究报告上。

刘盈此时真切地感受到了不被认可的失落，她似乎已经预测到了自己第一次提建议的结局。果然，刘盈的建议书石沉大海，经理好像完全不记得建议书的事。

刘盈的建议书之所以没有得到反馈，是因为她给经理传递的信息中没有经理感兴趣的点，这也是日常生活中导致沟通无效的重要原因之一。除此之外，无法获得对方反馈的原因还有很多，比如信息发起者的语言表达不到位，以至于对方不理解相关信息；语言不通，使得信息接收者无法解读和理解信息；彼此之间的关系很糟糕，双方在主观上一直是消极沟通的状态等。

与无效沟通相对应的是有效沟通。有效沟通是指表达的一方准确传达了信息，而接收信息的一方也准确接收、理解了内容，并且做出适当回应。可以说在沟通的过程中，信息得到传递和回应比较顺畅，能否让沟通双方处于相对和谐的沟通氛围和状态中。

从本质上说，沟通实际上是一种角色互动。只要沟通双方找对了自己的角色，站对了自己的位置，那么双方的关系就能理得更顺，彼此间的沟通就能更加顺畅地展开。对沟通各方而言，不仅要对自己的角色有准确的定位，更要与彼此的角色达成共识，而磨合关系的过程，就是逐渐达成这种共识的过程。

秦皓是一名销售人员，刚刚入职的时候，人力资源经理介绍销售部门经理姓王，于是秦皓称呼其为"王经理"。实际上，在销售部门内部大家都习惯称呼王经理为"老大"。

转眼间已到年底，销售部门的同事在一起聚餐，觥筹交错之间，同事们纷纷表达对秦皓的战友之谊，也表示一定要跟着"老大"再创辉煌。这时，"老大"说道："秦皓，这一季度业绩不错，各方面表现都不错，继续努力啊。"

通过将近一年的了解和接触，秦皓已经渐渐融入了销售部门这个集体中，同事和王经理的这些话更让秦皓备受鼓舞。他站起身，端起酒杯，对王经理说："老大，谢谢您的帮助和担待，也多谢各位同事，我一定好好干。"

从秦皓的话中可以看出，他对这个集体充满了感情，愿意按照集体的沟通方式与别人沟通。现实生活中也是如此，沟通者彼此间的角色认同对有效沟通，乃至高效沟通起着至关重要的作用。

很多时候，人们将有效沟通当成高效沟通来看。如果说有效沟通代表了信息的顺畅和互动，那么高效沟通不仅是信息层面的沟通，还带有一些感情上的联系与互动。在高效沟通的状态下，沟通双方往往有着默契和稳定和谐的关系。

高效沟通源自彼此认同和合作

良性的沟通需要沟通双方共同配合才能完成，只有双方彼此认同、相互配合、相互协调，整个沟通才会顺畅，才能够达成彼此间都满意的结果，维持双方和谐稳定的关系。高效沟通是沟通中一个较高的层次，相较于一般的沟通，高效沟通最重要的一个优势就是效率。

对沟通者来说，最重要的就是将信息清晰准确地传递出去，这是沟通中的一个基本要求。无论是口头语言、书面语言、肢体语言、还是物品展示，都要表达一个清晰的观点，确保信息可以清晰地呈现在对方面前，同时要有一个清晰的目标。沟通者的表达如果模棱两可，观点非常模糊，甚至连自己也不确定，那就不要指望其他人会接受并理解这些信息。

"我们一会儿去喝咖啡吧，不过我最近睡眠不好了，我手里还有点活儿没干完。"

"我听到你们为了这个项目吵得面红耳赤的，你的说法没错，不过他说的也很有道理。"

"一直开车往前走，过三个路口转弯，也可能是两个路口。"

以上这些表述都不够清晰，个人的立场和想法都存在不确定性，让人难以捉摸。清晰的表达应该明确沟通者要做什么以及怎样去做，沟通者发出和反馈的观点应该是具体的指示和明确的话题，而且尽量描述准确的细节和事实。语言描述的准确性关乎个人的态度和立场，也能够达到让彼此更好地理解相关信息的目的。

高效的沟通和表达需要强大而分明的逻辑性，有的人想到什么说什么，这往往会影响句意的连贯和顺畅。如果句子不通顺、不连贯，相关的论点和论据不能有效地衔接起来，就会打破内在的逻辑性，导致整个谈话混乱不堪，并且容易偏离主题。

项目经理收到策划书后，对小李说："这份策划做得不错，内容很充实。我之前就想过让人来做这个策划。你谈到的从俄罗斯购买原材料不错，俄罗斯看上去有用不尽的资源。话说俄罗斯的货币正在贬值，这对我们来说是有利的。我上次去莫斯科买了一块手表，之前要8000块，我5000不到就买下来了。俄罗斯的风景很美，有很多未被污染的原生态环境，你可以住在大森林的酒店里，不过我没去过。在澳大利亚的时候，我住过两晚森林酒店，太贵了。或者你可以去西班牙的海边旅馆住几晚。俄罗斯太冷了。"

项目经理的整个谈话不仅偏离了主题，而且很多内容出现得非常突兀，没有任何逻辑性可言，让小李听起来不知所云。一般来说，语言越简单，出错的概率就越小，也越容易被人理解。正因为如此，人们在沟通时一定要尽可能保证语言简洁，不要啰唆和复杂化，要以最少的内容将自己想说的事情表达清楚。

在沟通过程中，每个人都希望自己的想法能够得到他人的尊重和认同，而良好的态度往往能够满足沟通对方的这种心理需求，即能够最大限度地衬托出他人的能力，并增强他人的存在感。

佛利斯是一名部门经理，也是公司骨干。公司最近要组织一次外出考察活动，想参加的人自己报名，名额有限，而想参加的人很多。佛利斯认为考察活动不过是表面工作，只是在浪费时间而已，所以没有报名参加。理查德也是一名部门经理，和佛利斯有着不同的看法。他不仅自己想去，也想说服佛利斯结伴而行。

"这是多好的一次机会啊，可以出去看看外面的世界，不仅能开阔眼界，还能欣赏异国的风光。"理查德对佛利斯说。

"舟车劳顿的滋味我已经受够了。还是待在家里舒服，自由自在，多好啊。"佛利斯淡淡地说。

"总想待在家里，你还有没有追求了？"保罗义正词严地说，"说好听点，你这是贪图安逸，说难听点，那就是不思进取。"

"不思进取？我怎么不思进取了？""不思进取"四个字刺痛了佛利斯的神经，"我进不进取和你有什么关系？用得着你在我面前啰唆？"

看到佛利斯涨红的脸，理查德自知话说得太重，急忙灰溜溜地走了。后来，佛利斯也报名参加了考察团，但是在整个考察过程中都没有和理查德说几句话。

日常生活中，沟通双方存在分歧甚至是矛盾，是很普遍的情况。这时就需要我们进行换位思考，充分尊重他人的意见和想法。上述案例中的理查德虽是一番好意，但是对佛利斯缺乏尊重，这才导致了两个人矛盾的产生。所以，说话者要将专注力集中在如何激起听者的理智和情感关注上，而不是一味地反驳和否定对方。通常来说，具有感染力的信息、富有洞察力的认识、睿智的观点等都是高效沟通的必备要素，如果无法迎合他人的情感和需求，就无法引起共鸣，也无法将谈话继续下去。

沟通过程中一方非常努力认真地进行沟通，另一方却表现得非常冷淡且不主动配合，或者双方都缺乏沟通的欲望，那么沟通就会陷入困境。美国著名语言哲学家保罗·格莱斯发现，人们在日常的社交活动中，大都会遵守一些约定俗成的沟通准则。针对沟通双向配合的特性，保罗提出了一套沟通的"合作准则"。在这套合作准则中，他重点提到了四条用于高效沟通的基本准则。

第一是量的准则，即沟通者表达的内容应满足沟通所需的信息量，且不应超出沟通所需的信息量；第二是关系准则，它的重点在于必须保持叙述内容的相关性，沟通者不应毫无因由地改变谈话方向和主题，或将一些毫不相关的内容牵扯进主题中来；第三是方法准则，核心是尽量避免复杂难懂的描述，晦涩难懂的描述、易有歧义的描述、缺乏逻辑条理的描述都违背了方法准则；第四是质的准则，即不要说明知虚假的内容，不要说缺乏足够依据的话。

格莱斯准则通常被作为高效沟通的原则和标准来运用，对那些致力于打造高效沟通、协同合作的职场人而言，格莱斯的合作原则具有很强的指导作用，可以帮助人们更好地规范自己的语言表达。

EFFICIENT COMMUNICATION

第二章

沟通即心理博弈，不动
声色占据主动

真正的有效沟通需要敞开心扉，积极主动地突破自己有限的经验，适当、有效地暴露自己的思想情感，抓住别人关注的话题和兴趣点，体谅他人的心理情绪，唯此才能激发出对方与你交谈的意愿。如果我们精通心理学，能够通过察言观色洞察他人的心理，我们在说话的时候就会多几分把握，更加具有针对性。

善于体察人心，让沟通更有效果

人与人之间是存在距离的，相互之间都会有防范之心，与人沟通时更会让人警惕起来，而这份防范和警惕往往会阻碍沟通。所以要开展一场有效的沟通，就要充分利用语言技巧消除对方的防范心理。

在《点石成金》这本书里，古德说："停下一分钟，把你对他人的冷漠和你的热心比较一番。你会发现，人与人之间的相似度很大。明白了这一点后，你就能像林肯和罗斯福一样，把人际交往中唯一的原则牢牢地抓在手中。"也就是说，想要在处理人际关系时游刃有余，就得学会站在他人的立场上考虑问题。

有一家精密仪器制造厂，为了集中精力生产出新型产品，这家工厂将生产零部件的任务委托给了一家合作的小工厂。

几个月后，小工厂的负责人把完工的零部件运送过来，但是由于精密仪器制造厂给的图纸是错误的，所以小工厂按照图纸生产出来的所有零部件都是半成品，不合乎精密仪器制造厂的质量要求。

精密仪器制造厂的负责人万江要求小工厂返工重做，可是小工厂的负责人赵彪认为不是自己厂的责任，拒不返工。他说："我们是按照你们提供的图纸生产的，现在出了问题，责任在你们而不在我们，凭什么重新制造？再说了，这么大的批量，不是三五天就能完成的工作，你们要得这么急，我们厂哪有那个实力？"就这样，双方僵持了很长时间。

这种局面非常不利于问题的解决，继续拖延下去将会严重影响新产品的研发，给公司带来不可估量的损失。因此，万江主动约赵彪一起吃饭，对他说："这件事的责任完全在我们，都是因为我们公司的设计部门工作上出现纰漏，才导致出现这么大的问题。还好你及时把这批货送过来，才让我们及时发现错误，避免了其他几个厂继续使用错误的图纸制造。今天请你吃饭，主要是为了表示感谢。"

赵彪问："那我们那批货能通过验收吗？"

万江回答说："验收肯定是过不了的，不过这个责任理应由我们承担。既然事情已经到了这个地步，出现的问题还是要解决的，所以希望你们尽快返工，这样对咱们今后的合作是有好处的，你说呢？"

赵彪听到万江把责任揽到自己身上，又用今后的合作做诱饵，欣然应允，保证说："您放心，既然您都这么说了，这批货我们返厂修改。"

万江最终说服了对方，就是因为他善用了同理心，能站在对方的立场上沟通问题。试想，假如万江一味地推卸责任，抱怨、指责赵彪，赵彪肯定会据理力争，通过反抗来维护自身利益，那么不仅眼下的问题没有办法解决，还会影响到双方之后的合作。

愚蠢的人经常会想办法证明他人的错误，聪明的人却会想办法认同别人，寻求一致。做人做事一定要学会换位思考，经常对自己说："假如我是他，我会怎么想呢？又会怎么处理这件事呢？"如此一来，你就可以感同身受，充分体会对方的所思所想。

边女士因为在最近订购的一箱饮料中喝到了一块碎玻璃，投诉后受到了售后经理的接待。见到售后经理时，边女士没打招呼，也没说自己是谁，她把饮料和碎玻璃使劲放到售后经理的桌子上，饮料溅得到处都是。边女士这样做是因为她很生气，因为如果饮料被孩子喝到，后果将不堪设想，她说："为什么饮料里能喝出玻璃呢？你们只想着赚钱，一点儿都不在乎消费者的死活吗？"

售后经理接待过很多客户投诉，面对这种指责，他没有着急分辩，而是诚恳地说："这块碎玻璃是从饮料里发现的？有没有人受伤？"

边女士情绪激动地说："我来这就是要告诉你的，不然找你来干什么？你看看你们公司，竟然把碎玻璃加进饮料里，是不是想把人害死？"说完，边女士的语气平缓了一些，对经理说没有人受伤。经理拿出手帕擦了擦额头上渗出的汗，说："谢天谢地，还好没出事。感谢您，多亏了您，我们才发现工作中的重大安全问题。我们一定把这件事情通报给全公司，让大家引以为戒，今后务必杜绝再发生类似的事件。至于您的损失，公司会照价赔偿，您看怎么样？"

处理客户的投诉时，这位经理没有急着为公司申辩，而是站在消费者的立场上说话。有几点他做得非常好：其一，消费者发火时，他非常冷静地询问原因，而不是六神无主，或者表现得不耐烦；其二，及时询问损害情况，表示出了最大程度的关怀和诚意；其三，消费者讲清原因后，他能站在消费者的立场上考虑问题，立即采取措施。因此，他可以得到顾客的理解和认同，圆满解决了问题。

所谓投其所需，就是运用高超的说话技巧迎合对方的心理，让对方有一种机不可失的感觉。许多优秀的销售员都使用这种说话技巧提升自己的销售业绩，这种技巧还被广泛运用于谈判中。

有一家报社在即将刊印的报纸中出现了大版广告版面空缺的现象，于是广告业务员王斌计划去说服一位做特约小广告的企业接下这个大版版面。

他对顾客说："孙总，有一个好事儿，谁都没有告诉，刚听到这个消息就来告诉您了。"

孙总好奇地问:"什么好事儿?"

王斌回答说:"是这样的,我们下期的报纸有一个大版广告块,原本已经预定了顾客,但是由于原先的顾客推迟了开业时间,所以临时调换了日期。就这样,空下来的这个版块就有了很大的优惠,价格低了不少。我听到这个消息立即就想到了您,想把版块给您留下,不能便宜了外人啊。"

孙总说:"我们不过是一个中档酒店,用不了这么大的版面吧?是不是太浪费了?"

王斌说:"您的酒店搞活动,放在小版块里多不起眼,潜在客户根本看不到。我觉得放到大版块里更合适,宣传效果好多了,您相信我。平时这个大版块的费用比这高多了,因为咱们关系不错,我才第一个通知您。如果我告诉其他人,相信他们肯定争着抢着要。"孙总最终被王斌说服了。

王斌利用"趋利效应",先用价格优势攻克对方的心理防线,再制造竞争对手给予对方紧迫感,从而成功说服了客户。孙总的心理是生活中每一个人都会有的,很多人掏腰包并非为了需求,而是为了"便宜"。

在沟通过程中,善于体察对方的心理,使对手松懈,是回避矛盾、达成说服目的的一种巧妙方法,也会使沟通更高效。

别让脾气秉性成为沟通的阻碍

性格脾气秉性不同的人,他们的沟通风格是不一样的。脾气秉性即为性格,是指一个人惯有的行为特征,以及适应环境而产生的惯性的行为表现。人会在一个环境里面表现出一种性格，对上级是一种性格，对下级是另一种性格，工作中是一种性格，回家后又是一种性格，这是因环境而产生的惯性行为。我们大致可以将人的性格分为活泼型、完美型、力量型与和平型。

活泼型性格的特点是：在社交方面表现为容易快乐，说话大声，喜欢做表面工作，希望引人注意，做事大马虎，没有条理，朋友很多，比较健忘，渴望得到他人的认同，说话不经大脑，待人热情，与人沟通时喜欢插嘴，经常赞美别人，言辞夸张；在情感与身心方面表现为心宽体胖，心思单纯，就像一个长不大的孩子，不容易记仇，做事积极，说话富有感染力，好像每时每刻都充满活力，喜欢享受人生。

完美型顾名思义，就是万事追求完美，重过程，也重结果。完美型性格的人是这个世界上活得最累的一类人，因为他们什么都放不下，做什么事都希望尽善尽美，眼睛里容不得一粒沙子。如果一个人不但是完美型而且还是力量型，那么不但他累，周围的人都会跟着累。

力量型性格的人做事效率高，注重结果，其性格的主要特点是：在社交方面表现得十分自信、坚定、权威、快捷，认为与工作无关的社交是浪费时间，做事讲求实际，喜欢将事情掌握在自己手中，说话直接，喜欢与人争论并坚持己见，不喜欢道歉；在情感和身心方面表现为以工作为重心，非常重视目标，很难有放松的时候，急性子，容易烦躁，喜欢强调价值观，不重视轻细节，对待事情有自己的主见，行动力很强，不怕失败，愈挫愈勇。

和平型性格的人最爱说随便，其特点是：性格平和，喜欢休闲活动,做事节奏较慢,不愿引起他人的注意,不喜欢说话,能不开口就不开口,是很好的聆听者,但是也有机智幽默的一面,朋友多,擅长调节矛盾,总是想办法避免冲突,做事不够果断,考虑事情总能面面俱到,是同事眼中的和事佬、下级眼中的好领导。

有一次,韩岩和爱人在一个私人会所吃饭,旁边有一名穿着普通的女士,带着一帮小伙子在吃饭。

韩岩跟他老婆说:"这个女的呀,我一看就是个做大买卖的。"他老婆说:"你怎么知道?"他说:"你等着。"韩岩过去说:"大姐,打扰您一下,我一看就知道您就是个做大事的,我想跟您认识一下,您不介意吧?"然后把名片递给她。这名女士没带名片,于是把姓名与电话号码写下来交给他。韩岩说:"我在那边吃饭,如果您不介意呢,过会儿您吃完饭过来,我们聊聊天。我跟您请教学习一下,先不打扰您了。"

过了一会儿,这位女士就来韩岩对面坐下,并问:"你们住哪栋楼啊?"韩岩说:"C座。"她说:"这楼盘是我开发的。"这位女士是什么性格呢?她是力量活泼型。听到"我一看您就是个做大事的"时,她心里舒坦,所以愿意和韩岩认识。如果她是一个和平型性格的人,听到这句话一定会起一身鸡皮疙瘩,然后会怀疑韩岩是做传销的,这就是两种性格的天差地别。

通常情况下,以上四种性格会以显性的交叉形式集中体现在一个人的性格中,在沟通过程中要注意性格与沟通的关系,因为一个人的性格在很大程度上影响着沟通的效果。

如果你做的是客户服务这个工作,什么性格的客户投诉最好处理？答案是和平型的客户。和平型的人一般会说："请问我能投诉吗？"你说你不能投诉，那我就不投诉了。什么人的投诉最麻烦？答案是力量加完美型的人，这类客户通常不苟言笑，说话尖锐刻薄，他们的投诉有两大特点。

第一，直奔结果，只要结果，因为这类性格的人通常都是以目标为导向的；

第二，逻辑清晰、有理有据，而且不达目的誓不罢休，力量完美型投诉是最难对付的。

美国著名心理学家麦克利兰提出了著名的"冰山模型"理论，指出人的外在行为表现是有基础的，那就是来自于内在的情绪。内在的情绪包括人的价值观、对事物的观点以及情绪等，而人的性格是最难改变的部分。

三国时期有一个人叫袁绍，袁绍有一个非常杰出的谋士叫田风。当时袁绍要跟曹操打仗，田风不太同意，说："你要打，但你不要冒进。你在战场上把时间拖得长一点，这样我们会更有把握。"

对田风这个人，历史上给他的评价就是四个字：刚而犯上。田风直谏了两次，跟袁绍说不要去打。袁绍不高兴，不听他的，也不爱听他说话。后来田风跪在袁绍跟前磕头，对袁绍说："你要不听我的话，一定会出师不利。"袁绍这个人心胸很狭窄，说："我在大军要行动之前，已经下命令要打曹操了，你现在却说我出师不利，给我关起来。"田风就被关起来了。

结果袁绍打了败仗，消息传回，看监狱的人和田风说："田先生，我告诉您一个好消息，大将军失败了，和曹操打输了，整个军队都快打没了，正往回跑呢，您马上就能出来了，您说对了呀。"田风说：

"如果他打胜仗，我还能活，打了败仗他会羞于见我，一定会把我杀了，我命休矣。"

通过这个历史事件我们可以看出：袁绍的沟通或者说他的行为是非理性的，受情绪的支配，从而导致战败和田丰的死亡。一般来说，情绪只要一上来，智商马上就会下降，袁绍就是这样一个典型，究其根源就是其性格造成的。

此外，在这个事件中，田丰对袁绍的性格把握得特别准确，他甚至连自己的死都想得很明白，但田丰不懂得迂回沟通，所以他的意见虽然正确，却被袁绍拒绝了，而且还给自己招来了杀身之祸。如果田丰的沟通方式更巧妙一些，就能够让袁绍既不生气杀他，又能听他的意见。换句话说，人们有些时候有必要讲求沟通的技巧和方法，这样才能达到沟通的目的。

总之在沟通当中，我们要学会见人说人话，要用对方能够接受的方式和对方沟通，一个性格成熟的人能够在沟通中富有弹性，即这场沟通什么样的性格，你就能表现出那种性格。

言之有度才能赢得他人的好感

俗话说：物极必反。做任何事情都要掌握好一个度，超过了这个度，也许就达不到你想要的效果了，甚至会让事情向相反的方向发展。沟通也是如此，说话要有分寸，要拿捏好尺度。会说话，除了要"有所说，有所不说"之外，还要适可而止，要有分寸。有分寸的话才能给别人留下好印象，这样说出来的话才精彩。

张海洋与和自己的老板私下里交情很好，下班后经常一起喝酒玩乐。有一次公司聚餐，所有的人都参加了，张海洋当着众人的面拿老板小时候的事情开涮，老板在众人面前很是尴尬。对张海洋说："没有吧，你是不是记错了？"老板的本意是想给自己一个台阶下，结果张海洋说："怎么可能，上次你请我喝酒的时候亲口告诉我的，忘了？"老板无言以对。从那以后，老板就疏远了张海洋。

我们在不同的场合中扮演的角色不同，说话的时候要分清自己扮演的是什么角色，这样才不会失言。

工作伙伴之间的相处是很微妙的，一天二十四个小时，至少有八个小时是和工作伙伴一起度过的。适当地赞美他们，能让对方拥有好心情，而他们的好心情又会传递给你，这样就能营造良好的办公环境。适度的赞美能达到双赢的效果，但是过度的赞美会让别人觉得你虚伪。而虚伪的人，别人是不愿意接近的。

张春是新近入职的一位员工，在一次午休时间，她和经理吴慧聊天，夸赞吴慧年轻有为。吴慧问她："那你说说我多少岁了？"张春说："看起来也就20多岁。"吴慧摇摇头，张春就问："我猜的和你的实际年龄相差多少？"吴慧说："将近20岁。"张春表情夸张地说："不会吧！您居然40岁了？真是人不可貌相啊！"吴慧笑了笑，没有说话，但是后来就很少找张春聊天了。她对别人说："张春这个人不知道是喜欢拍马屁，还是在讽刺我老，把40多岁说成20多岁，听得我心里老不舒服了。"

每个人都不会拒绝别人的赞美之词，但是赞美也应该有度，只有言之有度的赞美才能达到赞美的目的。一旦过了这个度，就会像案例中的张春一样，不仅达不到赞美的效果，还会惹人生厌。

4月1日是西方的愚人节，如今很多中国人也开始过这个节日，一些人会利用这一天肆无忌惮地和别人开玩笑，但是也有一些人对这个节日不是很重视。

岳明打算在愚人节这天愚弄一下同事可可，和她开个小玩笑。"可可，我刚走进公司的时候，前台跟我说，有你的一个包裹，我想给你拿上来，但是前台说让你自己下去签收。"

可可乐颠颠地跑到楼下，结果前台说根本没有这回事。可可回到办公室直瞪岳明，岳明哈哈大笑说："愚人节快乐啊。"可可也笑了。

这样的小玩笑在人们的接受范围之内，被开玩笑的人也会付之一笑。但是开玩笑要有度，否则就会招致他人的反感。

同样是愚人节这天，张丽华却被骗得很惨。中午的时候，一位男同事告诉她："老板下午一点到机场，让你去接机。"张丽华信以为真，午饭也没有吃就出发去机场了，可是她在机场左等右等都不见老板出来，于是打电话给经理，经理说："老板没那么快回来啊，谁告诉你老板今天回来啊？"

张丽华很生气地打电话给那位男同事，结果同事说："今天是愚人节，跟你开了个玩笑，你还当真了啊。"张丽华非常气愤，冲着男同事大吼了一句："你有病啊！"

这位男同事也知道自己理亏，等张丽华回到公司后不停地跟她道歉，张丽华也没说什么。这件事就这么过去了。但是后来，每次这位男同事跟张丽华说事情的时候，张丽华总是会问一句："真的假的？你别骗我啊！"

　　生活中需要幽默，需要玩笑，一点小玩笑会让原本紧张的氛围变得轻松，适度的玩笑也会给人们单调的生活增添色彩。但是玩笑也不能过头，过头的玩笑不但达不到使人愉快的目的，甚至会产生不好的结果。因此，话要适度说，玩笑要适可而止，不能过分。

　　聪明的人在和别人说话的时候懂得给人台阶下，即使和对方争论，也不会咄咄逼人，让人颜面尽失，因为他们懂得"言之有度，适可而止"的道理。

　　日本松下集团的创始人松下幸之助出生在日本的一个农民家庭，他在24岁的时候创办了松下电气公司。经过长时间的努力和奋斗，松下集团终于发展成为著名的跨国公司。

　　松下幸之助发怒的时候，对自己的下属不留一点情面，有时候甚至会破口大骂，可奇怪的是，很少有人因为这个原因辞职，反而更加积极地为他工作。究其原因，是因为松下幸之助总是会适时地给自己的下属一个台阶下。

　　一次，松下幸之助的一个下属工厂的负责人做错了事情，给公司造成了严重的损失。松下幸之助暴跳如雷，一边骂还一边用火钳猛敲火炉，火钳都被敲弯了。松下幸之助的这一行为让那位负责人不知所措，只好默默地站在一旁，松下幸之助骂了很久之后才让他离开。负责人离开时，松下幸之助把他叫住，对他说："这火钳弯了，你可以把他弄直吗？"负责人点点头。

　　几天之后，松下幸之助打电话给这位工厂负责人，说："前几天的事情已经过去了，以后要好好工作。火钳弄直了吗？"

　　这样一来既给了这位负责人台阶下，又给了他一定的心理安慰。因而他更加努力地工作，以作为回报。后来，这位负责人成了松下幸之助手下的一名得力干将。那把火钳正是松下幸之助给他的台阶，他能取得现在的成就，也是这个台阶发挥了作用。

与人相处时，因为意见不同发生争执的事情常有，真正懂得人情世故的人不会为了争一时的胜利而破坏双方的感情。以和为贵，给对方一个台阶下，才能赢得别人的好感，进而给自己的精彩人生储备好人脉，或创造良好的生活、工作环境。

一个人想要赢得别人的好感，成就自己的精彩人生，就一定要在说话的时候有所节制，也就是说要做到言之有度，适可而止。

用提问掌握沟通的主动权

"提问者掌握主动权"是一项著名的沟通定律，通过提问，可以将谈话引向一个特定的方向。问问题能够吸引对方的注意力，引发对方思考，邀请对方积极地参与到聊天之中，同时还能获得更好的资源。

但是，人们常常倾向于根据自己的感觉提出问题，有时这种问题并不是对方需要的。粗鲁和冒失地向他人提问，对方会觉得自己的私人领域受到侵犯，精神上受到伤害或者侮辱；而检查性的提问则会使人感觉被人盘查，被逼入某种困境，因而会拒绝交流；诱逼性的提问虽然有可能引导别人做出回答，但这种问题对双方而言都没有什么意义，因为根本得不到真诚的回答；追根究底的提问会导致别人过早地处于防备状态，不利于交流。

上述这些都是不当的提问，这些问题会使别人产生反感的情绪，让人早早地失去继续交流的动力。在这种情况下，即使交流也难以了解对方的详细信息。

想正确地了解他人的心理，首先要避免用自己的观点来解说从他人身上看到的现象，只要提出看到的和感觉到的即可。如果仅仅根据自己的经验就对别人的状况做出判断，通常出于礼貌，他将不得不向做出一个合乎情理的回答，而这种回答很可能不是你想了解的实情。

一个事业有成的男人到他的治疗医师那里进行治疗，医生说："你能告诉我你有什么问题吗？"

该男子提到了他在生活和工作中负担过重的问题，并非常详细地解释道：他要做的事怎样怎样多，他每天要完成多少工作，要处理多少大大小小的问题。因此，他根本没有留给自己的时间。

他的治疗医师耐心地倾听着，当这个男人终于说完了之后，他问这个男人："你对我说，你每天都要承受很重的负担。可是为什么你还这么自豪地对我讲述这一切？为什么你在讲述这一切的时候，脸上始终洋溢着高兴的表情？"

通过提问和观察，医生很快就意识到，在生活中给该男子造成压力的并不是这些工作，虽然他的工作的确很多；但是真正的问题在于，根据他的自我价值观念，他需要这么多的工作来维持这种大人物的感觉。他很自豪他是如此重要，有那么多事情要他去做，有那么多的人需要他的帮助。

医生并没有给该男人一个结论性的回答，他只是陈述了一个客观事实。最后，该男子越发详细地告诉了医生他的许多症状，医生给了他一个准确的治疗方案。

不只是医生，每一个希望了解别人的人都要遵循一个根本原则：你只要提出你看到的和感觉到的，而不要根据你自己的所见所闻总结出解决别人问题的办法。例如：

用"你今天脸色苍白"代替"今天你是不是很累（或者是病了）"；

用"你今天一点儿也不健谈"代替"你今天不开心"；

用"你今天穿得很时髦，很漂亮"代替"你今天是不是与你的男朋友有一个约会"

为什么前一种表达方式比后一种表达方式要好一些？因为能从别人身上观察到的表现可能对应很多的事实。比如，某人脸色苍白，可能是因为疲劳，也可能是由于生病，或者他把自己化装成脸色苍白的样子，而真正的原因应该让他自己对你说。如果你仅仅根据自己的经验就对别人的状况做出判断，那么你的判断可能会给别人带来压力，使他不得不做出一些不必要的解释。

改变提问题的方式，尽管也许只是非常微小的改变，表达的意思几乎是一样的，但是对比较敏感的人来说，还是大有不同。对方可以通过不同角度、不同方式的提问了解你的意图或者愿望，因而对方对你的感觉也会随着问题的改变而有所不同，他们往往会以你的提问方式决定如何向你显示自己的情绪和心理。

在职场中，聪明地问话并不是一件轻松的事情。只有把话问好，才能得到自己需要的信息。而问话需要掌握一定的技巧，这是语言组织之外的又一个关键。

美国电机推销员哈里森讲了一件他亲身经历的有趣的事：有一次，他到一家新客户的公司去拜访，准备说服他们购买几台新式电动机。不料刚踏进公司的大门，便挨了当头一棒，"哈里森，你又来推销你那些破烂了，我们不会买你那些玩意儿了。"总工程师说。

哈里森了解到，总工程师昨天到车间去检查，用手摸了一下前不久哈里森推销给他们的电机，感到很烫手，认定哈里森推销的电机质量太差。哈里森认为如果硬碰硬地与对方辩论电机的质量，肯定于事无补，于是他说："好吧，斯宾斯先生。我完全同意你的立场，假如电机发热过高，别说买新的，就是已经买了的也得退货。"哈里森说道。

斯宾斯并未说话。

"按国家技术标准，电机的温度可比室内温度高出 42℃。"哈里森接着说。

"你们的电机温度比这高出许多，昨天差点把我的手都烫伤了！"

哈里森问道："稍等一下，请问你们车间里的温度是多少？"

"大约 24℃。"

"好极了！车间是 24℃，加上应有的 42℃的升温，共计 66℃左右。请问，如果你把手放进 66℃的水里会不会被烫伤呢？"哈里森继续追问。

"完全可能。"

"那么，请你以后千万不要去摸电机了。不过，我们的产品质量你们完全可以放心，绝对没有问题。"结果，哈里森又做成了一笔买卖。

哈里森的成功，除了因为电机本身质量过硬以外，还利用了斯宾斯心理上的微妙变化。他仅仅是换了提问的方式，就使整个交流的局面得到了扭转。

提问不仅能够控制谈话的方向，还能够准确地抓住问题所在。向别人提问可以更多地了解他的想法和感受，给自己提出一些问题则可以帮助你朝着正确的方向思考并努力。所以说，提问是一种非常有效的深层沟通策略。

避免以个人喜好为话题中心

每个人都活在自己的世界里，朋友也好、客户也好，没有人会对自己不感兴趣的话题投入过多的热情。

如果想要进一步交流，就要设法抓住对方的心理，以对方的喜好为话题中心开始聊，面对客户的时候更要如此。所谓投其所好、避人所忌，为了和客户找到共鸣，为了避免话不投机半句多，就要对着对方的心窝说话，把话说到对方最关心的地方。

郭凯是一名保险公司推销员，在保险行业摸爬滚打了十多年，郭凯熟悉了整个行业规则，也摸清了人与人之间的相处之道。进入大客户部后，郭凯接触的都是团体保险项目，和他会谈的也是对方的重量级代表，比如经理、总裁级别的人物。一次，郭凯通过朋友关系联系上某制药公司的总经理孙总，孙总的公司有正式员工500人，如果孙总为每一个员工买一份保险，郭凯一年的工作业绩就完成了。

第一次见面，简单寒暄过后，郭凯把公司的险种做了大概的说明，并且强烈推荐员工大病医疗保险，为了方便孙总了解，郭凯还事先做了一份彩色图表。但是讲解的效果并不好，孙总听得哈欠连天，另外几位副总也没有太大的兴致。郭凯知趣地停了下来，约定下次再来拜访。

第二天，郭凯趁孙总公司快午休的时候拜访，他没有直接找孙总，而是约了他的秘书王可可。王可可是一个20岁出头的小姑娘，是孙总的表侄女，别看她年轻，其实人小鬼大。可可跟在郭凯后面进了餐厅，点完菜便表明立场："别怪我没警告你哦，贿赂我也是没用的，我什么都不会说，也不会帮你送任何礼品。"

"我不是来问你商业机密的，也没有礼品要送，只是有两个问题想问你。"

"那你问吧，能说的我会告诉你的。"

"上次到贵公司拜访，我看到孙总的书橱里放了许多关于《论语》的书，办公桌上也摆着《论语》，孙总最近在研究《论语》吗？"

"你就问这个啊？"可可诧异道，"对呀，最近我帮他买了好多书，据说是听了于丹的讲座，觉得很受启发，所以决定研究一下，还报名参加了一个研讨班，和大学教授讨论下心得之类的。怎么，你也对《论语》感兴趣？"

"研讨班？在哪里？孙总都什么时间参加？"

"就在公司附近的一个大学里，至于时间，这个我要回公司查一下。"

"那你查到之后，能发给我一份吗？"看着可可疑惑的表情，郭凯补充道，"其实我对《论语》也挺感兴趣的，苦于无人交流……"

"这样啊……行，回去我给你发到邮箱里。"

没过两天，可可就把孙总在研讨班的课程表发给了郭凯。初战告捷，郭凯连夜啃了一本《论语译注》，随后去研讨班报了个名，也成了其中的一员。在研讨班上"偶然"遇到郭凯时，孙总有点惊讶："你也懂《论语》？"

"不懂,只是有兴趣而已,这不是来学习了吗? 孙总,您一定对《论语》有所研究吧,讲讲您的高见?"

"高见谈不上,只是稍微研究了一下,听了一些于丹讲的《论语》,有的地方我比较赞同,有的地方我还是持保留意见。"

郭凯谦虚道:"我也听了一些于丹的讲座,但还真没听出来她有讲得不对的地方,还望您不吝赐教。"

说到孙总感兴趣的话题上,他的兴致一下子就来了,和郭凯细致地讨论起来,还大谈他的学习心得,两人相谈甚欢,孙总对他产生了相见恨晚的感觉。一来二去,郭凯和孙总从研讨班的同学成了朋友,郭凯也顺利拿下了保单。

了解对方的兴趣爱好是找到话题最好的方法,每个人都希望和志趣相投的人聊天,谈论自己感兴趣的话题。因此,面对初识的朋友或者工作上的客户,不妨从他感兴趣的话题入手,让对方打开话匣子。

人的心理特征各有特点,无论自己呈现出什么样的心理特征,都不能随意投射给他人。要在职场中受人欢迎,就要学会给予他人正确的投射,尽量以他人的喜好为中心展开对话。

耶鲁大学文学教授威廉莱亚·惠勒普斯在《人性》这篇论文中这样叙述:我在6岁那年,有一个星期六去斯托拉多姨妈家度周末。记得傍晚时分,来了一个中年男子,他先和姨妈嘻嘻哈哈地谈了好一会儿,然后便走到我面前和我说话。当时我正迷上小船,整天抱着小船爱不释手地玩,以为他只是随便和我聊几句,没想到他对我说的全是有关小船的事。

等他走了以后，我还念念不忘，对姨妈说："那位先生真了不起，他懂得许多关于小船的事，很少有人会那么喜欢小船。"

姨妈笑着告诉我，那位客人是纽约的一位律师，他对小船根本没有研究。

我不解地问："为什么他说的话都和小船有关呢？"

"那是因为他是一位有礼貌的绅士，他想和你做朋友。知道你喜欢小船，所以专门挑你喜欢的话题和你说。"姨妈笑着告诉我其中的道理。

善于沟通的人在结交陌生人的时候，即使对方只是个小孩子，也懂得迎合对方的喜好，这样能让对方感觉到受重视、受尊重。

与人交往切勿急于求成，当你愿意花费心思了解他人时，就会发现你说出的话总是能够打动人心，而对方也会打开心扉接纳你。

有位女明星需要两个短剧本，她希望一位很有名的作家能够为她动笔。这位作家文笔风趣，但他脾气很古怪，一般人的约稿经常被拒绝。

这位明星打电话给他的朋友，请教一下该怎样向作家开口提出要求。

"你究竟打算请他写些什么短剧呀？""我希望他替我写男女别恋，不过要有新的内容，不要以前的故事。""这样很好，他以前写过不少这类的东西，你只需说知道他写过这些剧本，十分崇拜他就行。"

过了两天，这位明星给他朋友打电话，很高兴地说："他不等我提出要求，就答应替我写两出短剧了。"

她朋友说："你们晚餐时，你一直在谈论他过去那些得意之作，是吗?""你猜得对,我主要是讲他的作品如何受人喜爱。"

每个人都有自己感兴趣的话题,想要寻求帮助,就不妨迎合对方的兴趣,从对方最得意的事情上找到说服的突破口,总比漫无目的地乱说一通有效。

有时,即使你洞察了对方的心理倾向、特点,也不能直接投射,因为在自我保护意识的驱使下,人们常常会隐藏内心最真实的想法,有时甚至会制造出截然不同的假象,戳破了这层假象,对方不但不会欣赏你的高明,反而会有一种受到伤害的感觉。只有给予符合对方特性的投射,才能获得他人的欢迎。

循序渐进,引导对方答应要求

通常,人们都不愿接受难度大的要求,却都愿意接受较小的、易成功的要求,在接受了较小的要求后,人们才慢慢地接受较大的要求。就像进入一间屋子,先要经过门槛一样,这就是"登门槛效应"。

1966 年,美国哈佛大学的一些心理学家做了这样一个实验:随机访问一批家庭主妇,并恳求她们"帮个忙",将一块漂亮的小招牌挂在自己家的窗户上,这些家庭主妇基本都同意了。过了一段时间,心理学家再次访问这组家庭主妇,并请求她们将一个不仅大而且不太美观的招牌放在自家庭院里——结果,超过半数的家庭主妇都同意了。

这些心理学家又随机访问了另一组家庭主妇,直接提出:将那块不仅大而且不太美观的招牌放在她们的庭院里。结果,无论这些心理学家运用何种说服技巧,最终也只有不足 20% 的家庭主妇同意。

在人际交往中，当我们要求某人做某件较大的事情，而又担心他不答应时，可以先请他做一件不重要的、较小的事情，用循序渐进的方法来表达自己的意思，这样对方就比较可能接受你真正的要求。

有时候我们会害怕提出要求后被拒绝，其实这个担心是多余的，因为只要想方设法地让对方多说"是"，所有的问题就会迎刃而解。在大多数情况下，人们往往更喜欢用争辩来说服别人，让别人接受自己的观点。但是，这种争辩通常非但不能呈现人们想要的结果，反而会令双方言语不和，甚至恼羞成怒。

实际上，有时即便争得面红耳赤也很难达到说服对方的目的。想要说服对方，最好的方法是让对方多说"是"，让他连拒绝的机会都没有。而且，当对方连续说了几个"是"之后，在惯性思维的影响下也会不自觉地改变一些自己的想法。

一家企业原本计划购置一辆载重四吨的卡车，并向销售商表达了采购意愿。后来，出于预算原因高层打算改变之前的计划，转而购置一辆载重两吨的卡车。之前的销售商得知企业的这一想法后，立刻派出最有经验的销售员，希望重新将这单生意拿下。这名销售员和企业高层进行了一番对话之后，成功说服对方，最终做成了这笔生意，他是这样说的：

销售员："一般情况下，您运输的货物有多重？"

高层："大概是两吨吧，需要视情况而定。"

销售员："这么说，您要买哪种卡车需要根据载货量和路况决定，是吗？"

高层："是的。"

销售员："如果路况不好，而且天气寒冷的话，卡车的负担就会加重，是吧？"

　　高层："是的。"

　　销售员："我了解到，贵公司的产品在冬季时销售情况更好，是吗？"

　　高层："是的。我们的生意在夏天并不是太好。"

　　销售员："这样的话，贵公司卡车是不是偶尔超载呢？"

　　高层："是的，也是不得已而为之。"

　　销售员："这么说来，贵公司的卡车要偶尔超载，在冬季的使用频率较高，而且冬季的路况也不是太好。是吧？"

　　高层："是的。这些都是让我们头疼的问题。"

　　销售员："在这种情况下，贵公司是不是会考虑如何延长卡车的使用寿命呢？"

　　高层："那是当然。"

　　销售员："我这里准备好了两种卡车的数据对比，包括损耗、使用寿命等，您可以通过这些数据看到两种卡车的性价比如何。不知道您有没有兴趣？"

　　高层："当然，拿来我看一下。"

　　企业高层认真看了一下数据对比，然后自己又核算了一遍。

　　销售员："您觉得怎么样？我们的卡车是不是性价比更高呢？"

　　高层："是的。我决定买你们销售的卡车。"

　　销售员巧妙地挽回了一笔即将泡汤的生意，他所用的谈话技巧就是让企业高层不停地说"是"，销售员看似给了企业高层选择的余地，实际上高层只有"是"可以回答。在不断的肯定回答中，企业高层自然而然对销售员产生了好感，认为销售员所说的话都是对自己有利的，说明他十分了解自己的需求，这笔生意就很顺利地做成了。

　　哈佛大学企管硕士、美国著名领导权威斯蒂芬·柯维在哈佛大学商学院上课期间，分析过这样的一个案例。

　　美国某家化妆品公司推销员拜访一个新客户，新客户没等他说话，就说了一句："你怎么还好意思来推销你们的产品，你看看你们的保湿液，保湿效果怎么这么差？"原来，这位新客户是北方人，自认为这化妆品不适合北方人的肤质。

　　推销员很快镇定下来，微笑着说："没关系，要是不符合要求，你可以立即退货，对不对？"

　　新客户："是的。"

　　推销员："你看，说明书上明明写着，保湿效果应该在 12 小时左右，对不对？"

　　新客户："是的，但是我使用了你们的试用装之后，不到 10 小时，脸上就有些紧绷。"

　　推销员："哦，是这样的。那你们办公室的温度是多少？"

　　新客户："一般情况下，屋内的温度在 25℃。"

　　推销员："因为办公室里开着空调，室内的温度要比外面的高很多，对不对？"

　　新客户："是的。"

　　推销员："你看，我们这一款保湿液，常温下对皮肤保湿效果在 12 小时。不同湿度环境下，还是有些差别的，但并不代表我们的保湿液没有做到 12 小时的保湿，你说呢？"

　　新客户："好像是这样的。"

　　最后，不仅他们的合作没有终止，而且还因为推销员的巧妙解释而多追加了订单。

　　让对方说"是"其实不是一件非常难办的事情，首先做到避开矛盾和分歧的焦点，求同存异，从双方都能接受的角度入手，让沟通从一开始就避免争论，然后指出一些大家都能接受的事实，在双方都能接受的基础上阐述事实，用有利的证据让对方心服口服。

　　不仅在销售场合，在各种情况下都可以合理地使用这种手段。只要你可以让对方不断地说"是"，那么在你提出相对不容易得到肯定回答的问题时，对方也会在惯性思维的引导下更加倾向于给出肯定的回答，对增加说服力无疑具有十分积极的意义。

提升沟通传输率，防止
语言信息的损耗

高尔基曾说："简洁的语言中有着伟大的哲理。"真正的沟通是有明确目标的，目标或是解决矛盾，或是寻求意见，或是请求帮助，或是答疑解惑，或是谈判合作，沟通必然要获得至少一种达成目标的方法，才算得上是有效沟通。而要想做到有效而且高效的沟通，就要做到说话有重点，简洁而缜密。

过滤无效信息，说话简洁有力

在我们身边，总有一些人说话啰唆、拖泥带水，让人听了心烦意乱。哈里·杜鲁门说过，一个字能说明问题的就别用两个字，说话要简洁，语言要精练，这样才能使听者在较短的时间里和说话人进行有效的沟通。

14世纪的逻辑学家、圣方济各会修士奥卡姆的威廉在他的《箴言书注》中提出一个绝妙的定律：如无必要，勿增实体。这就是著名的奥卡姆剃刀定律。奥卡姆剃刀定律告诉我们，解决问题的最佳方式就是尽可能地去除那些不必要的组织或部分。将奥卡姆剃刀定律应用在沟通上，就应该尽量反对啰唆、烦琐的言谈，将沟通内容进行简化处理，将一些不必要、没有价值的内容删除，确保沟通者直接谈论那些最重要的信息。

著名的咨询公司麦肯锡公司有一次为一家重要的大客户做咨询，咨询完成后，客户公司的董事长走进电梯，对陪同的麦肯锡公司的项目负责人说："你能不能和我大致谈一下结果？"面对这样仓促的提问，毫无准备的项目负责人只能支支吾吾地做出回答，而且明显不够精简。当时电梯从三十楼下到一楼，因此留给负责人的时间只有大约30秒，可是在这段时间内他没有将事情讲清楚。

等电梯到达一楼后，董事长摇着头离开，麦肯锡公司因此失去了一个重要客户。这一次的失败让麦肯锡备受打击，公司这才意识到高效表达以及信息总结和提炼的重要性。公司决定在内部进行整顿和培训,要求所有员工必须在短时间内将自己应该表达的内容说清楚,凡事需要直奔主题和结果,删除多余的话,并将重要内容归纳在三条以内,这个要求就是著名的"麦肯锡 30 秒电梯理论"。

如今,这个理论风靡全球,沟通效率问题也成为大家关注的焦点。如何在最短时间内说服他人,成为个人表达水准的一个重要标准。这种短时间表达能力需要说话人具备信息压缩和简化能力,需要人们对相关信息进行筛选。

如果想要达到高效沟通的目的,就要把握好信息筛选工作,过滤掉那些不必要的信息。这些信息主要包括以下两种。

1. 引不起对方兴趣的话题

对任何人来说,有效信息的一个基本特点都是能迎合需求。如果信息丝毫不能引起他人的兴趣,这样的信息就没有存在的必要。和一个着急问路的人进行交流,最直接的方式就是给对方指路,而不是花费大量时间谈论如今的交通状况多么糟糕、汽车和公交车哪个更加方便。同样地,有个水果供应商一直在讨论自己的香蕉,说自己的香蕉多么新鲜,但是听众只想购买杧果,这个时候供应商的话就变成了废话。水果供应商应该专注于描述自己的杧果,谈论杧果的品质和价格,这样才能事半功倍。

2. 无价值信息

沟通双方在谈论某个话题时,有时候会花费大量的时间和精力肤浅地谈论一些没什么太大价值的内容,比如单纯地介绍和描述某一现象,而没有针对这些现象进行深入剖析,没有直接给出具体的解决方案。

在沟通过程中,人们需要把握"二八原则":在整个沟通体系中，只有大约 20% 的信息是重要的，它们决定了 80% 的沟通效果，所以在有限的时间内，人们应当重点关注那 20% 的关键信息，或者说尽可能过滤掉那 80% 的低价值信息。比如，谈判双方原本是针对彼此之间的矛盾进行交流，可是双方大部分时都在谈论其他无关紧要的话题，导致整个沟通主次不分，浪费了大量时间不说，还达不到沟通的目的。

希尔顿酒店是全球著名的连锁酒店，酒店初创时，由于建筑费用一时无法到位，希尔顿达拉斯酒店的建造工程陷入停工状态。为了解决资金周转的问题，希尔顿酒店的创始人康拉德·希尔顿找到了将酒店所在地皮的房地产商人杜德，向他借钱。

杜德一口回绝了希尔顿的请求，希尔顿对杜德说："希尔顿达拉斯酒店因为资金一时无法到位，只能暂停施工，这对你附近的房地产价格肯定会有影响；假如你执意不肯借钱助我渡过难关，我只能对外宣称是酒店停工因为是选址不当，要重新选址。这样一来，您附近的地皮想卖个好价钱可就难了。"杜德明明听出了希尔顿言语中的威胁，可利益是商人的命根子，考虑再三，便答应了希尔顿借钱的请求。

希尔顿之所以能说服杜德，就在于他抓住了杜德的"软肋"。我们在日常沟通中也是如此，只有抓住对方的"软肋"，才能让沟通事半功倍。除此之外，人们沟通时应该尽量做到言不烦，说话时应多用短句，因为短句易说易听，简洁有力。想把话说到点子上，就要充分了解话题的基本情况，再做出判断，那些未能搞清状况就大发议论的人常常根据自己的主观印象对事物进行评价，以至于无法给出客观而令人信服的观点。

知道了谈话的重点，也要找准时机再说。倘若说话的时间和场合不对，说得越多，就会错得越多。让每一句话都说在点子上的关键是，不讲那些空洞无物的大道理，更不能说不负责任的话。在与他人沟通时，应该保持内心平静，谙熟听者的心理需求。唯有把话说到点子上，才能获得认可和信服，继而达成有效沟通、解决问题的目的。

将专业化的语言做通俗化的处理

说话的场合、氛围不同，所呈现的内容也有所不同。此外，隔行如隔山，与人对话要坚持平易近人的亲和法则，其核心就是不在外行人面前说"行话"。

IT界的传奇人物罗斯·佩罗有一次受邀去哈佛商学院参观，和许多哈佛教授以及学生有了深入的交流，他发现整个哈佛的学术环境在世界上来说都是独一无二的，在研究方面具备雄厚的实力。与此同时，他也发现了哈佛过度追求学术以及学术表达的弊端，在发表演说的时候，他给出了这样一段评价："你们的麻烦是，你们所说的环境扫描，我把它叫作朝窗外看。"

在罗斯·佩罗看来，哈佛人的复杂表达方式常常脱离了生活范畴，使彼此之间的交流变得既复杂，又低效。罗斯·佩罗的想法显然不是孤立存在的，许多精英阶层都意识到那些所谓的社会精英、天才、成功者往往都存在沟通问题，这些沟通问题造成的障碍类似于爱因斯坦提出相对论时面临的困惑，他们都无法简化自己的信息让别人理解自己。

作者杰克·特劳特和史蒂夫·里夫金在《简单的力量》这本书中提道："顾问是大量胡说八道的源头。"这两个人曾经在管理行业、咨询行业中进行调查，发现很多习惯于从专业的咨询师那里获得更多帮助的人常常希望咨询师可以给他们一些实用的建议，但事实上，多数咨询公司以及咨询师并没有提供相应的帮助，反而带来很多麻烦。这些麻烦主要是因为咨询师们表达的专业性太强，且过于理论化，让咨询工作变成复杂的信息传递和信息解码工作。

很显然，许多人将专业化的语言和复杂的表述当成精英文化的一部分，他们更希望使用一些复杂的、难以理解的专业化语言来表达自己的看法，并以此来证明自己存在的价值以及所表达的内容的价值。可是对整个沟通而言，相关的信息描述会增加理解上的难度，这会变成信息交流的巨大障碍。一般情况下，沟通者的表达过于烦琐、复杂，会使对方感到枯燥，丧失继续沟通的兴趣。

正所谓"术业有专攻"，当代社会精细分工，众多新领域、新行业出现，每个人都各有所长。因此，不同行业、不同知识水平的人在一起交流时，千万不要过多使用自己所在领域的专业术语，因为那样不仅会影响双方的交流，也会给对方留下故意卖弄的印象。

文化水平及专业素养的不同，增加了沟通的难度。会沟通的人懂得放下身段与人对话，会根据说话对象的差异选择合适的措辞，既使人乐于亲近，又能达到有效沟通的目的。

一位人口普查员来到乡村调查人口情况，问当地一位老太太："您有配偶吗？"

老太太听了满脸疑惑，问："什么是配偶？"

普查员解释道："配偶就是老伴，您有老伴吗？"

老太太边笑边说："你直接说老伴不就得了嘛，乡下人可听不懂你们那套行话。"

普查员之所以闹出笑话，就是因为他没考虑到老人家的家庭和文化背景。与人交谈时，一定要考虑对方的实际情况，避免在外行面前说行话而引起不必要的尴尬。

一般情况下，理论化、专业化的表达更能够凸显个人扎实的知识和见识，但是对信息接受者而言，这或许就是一个沟通障碍，毕竟越是专业、复杂的信息，理解起来就越困难，也越容易出现偏差。因此，将复杂的内容转化成简单易懂的语言更加符合人们的沟通需求，也更容易受到欢迎。

在 2001 年 10 月的苹果产品发布会上，苹果公司推出了 iPod 播放器。这是一款重量轻巧而内存很大的革命性产品，当时苹果公司的营销负责人提出的宣传方案是强调 iPod 播放器的硬盘达到了惊人的 5G，重量却不足一千克，使用起来非常简单便携。乔布斯认为并不是所有人都理解什么叫硬盘，也并不是所有人都理解 5G 的硬盘到底有多大，因此乔布斯做出了修改："iPod 播放器能把一千首歌装进你的口袋。"和之前的介绍相比，乔布斯的介绍更通俗易懂，也更容易让客户接受。

出色的表达者会运用生动形象的语言简化那些复杂抽象的定义，而不是将其复杂化、理论化、概念化、专业化，他们更擅长输出一些大脑容易接受的信息。他们对信息的转化主要包含以下几个方面：将专业性很强的信息以通俗的句子表达出来；将复杂的、理性的、逻辑性强的信息转化成为形象的信息。

虽然专业术语更能体现一个人的专业素养，但不分场合地使用会让对方产生一种被愚弄的感觉。与人沟通最重要的是清楚地表达自己的意思，让对方真正听懂你要想表达的意思，才能达到通过沟通解决问题的目的。

长期从事某一行业会限制个人对其他行业的了解，让视野变得局限。久而久之，与人沟通时只能就自己熟悉的行业聊几句，对其他领域的话题则会感到力不从心。为了避免这种无话可聊的情况出现，平时一定要主动开阔自己的眼界，多留意身边发生的趣事。这样不仅可以避免使用过多行业术语带来的尴尬，也能和大家其乐融融地聊天，增进好感和信任。

很显然，通俗化的处理和形象化的描述都会提升信息沟通的顺畅性，帮助信息接受者更轻松地获得自己想要的信息。当然，信息的通俗化和简单化并不意味着要彻底抛弃专业性的描述，在一些比较严谨的学术会议或者沟通中，相关话题的定义和概念都需要专业描述。

扁平化模式会使沟通更高效

团队需要成员之间配合默契才能共同完成一项任务，企业需要员工之间达成有效合作才能不断发展壮大，而默契合作离不开沟通。在沟通过程中，参与沟通的人越多，信息越分散，信息泄露的可能性就越大。

管理学上有一个众所周知的沟通漏斗理论：一个人想要表达的信息是 100%，在进行团队内部沟通的时候，大概只能表达出 80% 的信息；而在信息传递的过程中，受到沟通所处的环境、个人心理状态、沟通方式的影响，最终传达到听者耳朵里的信息只有 60%；因听者也会受到诸多方面的影响，所能理解的信息大约有 40%；最终在落实的时候，有效信息大概只有 20% 的水准。

在这个沟通漏斗理论中，信息遗失现象的问题极大地凸显出来，造成这一问题的一个重要原因就是沟通层级的增加。可以说，沟通的层级越多，信息的损耗越大。毕竟任何一个信息传递者都有可能在传递信息的过程中对信息进行主观判断和干扰，他们拥有自己的想法和需求，拥有自己的利益倾向，也拥有自己的理解能力和表达水平，而这些都会成为阻碍信息完整传达下去的障碍。

华为公司过去一直坚持信息的逐层沟通，结果经常发生执行延迟和错误执行的情况。为了提升沟通效率，公司内部的组织结构进行改革，并逐步形成了一个特殊扁平矩阵结构。整个华为公司内部的机构、职位以及人员形成了一个整体性的、纵横交错的网络，有效地将业务分工和职能分工有机结合了起来。

人们在沟通中一直致力于缩短沟通距离，确保最大限度地减少中间环节，中间传话的人越少，沟通的效率往往越高。在规模大的企业中，管理者都倾向于将团队内的组织结构进行细化，组织结构的细化往往伴随着管理的细化和职能的细化，但是过多的层级设置会带来低效的问题，无论是内部沟通还是执行都会大打折扣，因此最好的方式是精简机构，尤其是精简层级机构。

马化腾经常直接回复普通员工的邮件，在和马化腾邮件来往的过程中，有一件事给一位员工留下了深刻的印象。

一次，马化腾要求该员工为某个页面加上某种锚标功能，以方便用户在对页面的特定区域进行复杂操作之后，能够迅速地返回到原来触发动作的位置，省去从头再翻的麻烦。他询问了负责技术的同事，技术人员的回答是：这根本实现不了。于是，他直接回复邮件告诉马化腾：这种锚标功能在技术上不可能实现。

大约两分钟之后，他收到了马化腾的回复：你说什么？

他突然意识到自己可能说错话了，只能回信道歉：抱歉，我们去想办法。

过了一阵子，他收到了一封长长的邮件。在邮件中，马化腾先是告诉他，在腾讯，不允许说什么事情在技术上实现不了，然后详细列出了公司中一部分 HTML 高手的名字及其所属部门经理的姓名，要求他直接联络他们，请求技术上的支持。

正因为如此，在腾讯内部，问题可以顺利地在短时间内被解决，资源也可以得到最大限度的利用。

有人描述过腾讯做出决策的一个典型过程：从凌晨四点马化腾发出邮件开始，历经总裁、副总裁、总经理、产品经理等几个级别的讨论，到下午三点就可以给出项目的具体排期。如果在技术上遇到难题，马化腾会从全公司寻找技术高手，给予技术层面上的支持，同时从不同的系统层面调用可用的资源。

腾讯的线上产品有 1700 多种，被马化腾亲自关注过的产品占很大比重。员工和他通过邮件讨论产品的相关问题非常愉快，基本上就是一个产品经理和另一个产品经理之间的切磋。如果他被一个想法触动，便会立即把邮件升级，拖着很多副总裁、部门经理进来，共同推动产品前进。

马化腾将腾讯内部管理进行了扁平化处理，去除了一些不必要的中间环节，和产品经理们互动频繁，大大提高了产品和项目的推动效率。在扁平化的组织机构中，内部人员的沟通会更加顺畅，平级之间、上下级之间的交流会更加频繁、高效。

如果沟通双方本身并不熟悉，或者一方对另一方不太信任，这个时候可以借助第三方进行传话。除了类似这样的特殊情况，最理想而高效的方式便是跳过中间的传递者，和需要沟通的人面对面沟通。

有一些团队由于特殊的组织结构无法进一步进行简化，作为身在这类团队中的个人，可以有效利用互联网的方式进行沟通，尽可能在沟通时跳过中间的传递者，直接和需要沟通的对象建立交流，这样可以将自己的想法和指令直接传递给对方，有效拉近彼此之间的关系，降低沟通漏斗的负面作用。

妙用金字塔原则，让沟通更轻松

沟通中有一个非常常见的现象，那就是很多人喜欢把重要的事情放在后面说。这样一来，如果时间有限，或是对方失去了倾听的兴趣，我们很可能会失去继续表达的机会。采用金字塔原理，让结论先行，再具体地阐述原因，便能突出说话的重点，让听者更容易理解和印象深刻。

经理让助理安排一个会议，助理说："经理，王总监在出差，明天下午才能赶回来；周总说今天有事而来不了了；财务主管说会议最好在明天中午以后开，有报表没整理完。对，会议室被其他部门占用了，所以您看要不要把会议安排在周五？"

经理本来就很忙，听完助理的会议安排一肚子火："你想好了要说什么再来跟我汇报。"

助理一时懵了，想了想说："经理，我建议把会议安排在周五，周三王总监和周总不在，周四会议室被占用。你觉得呢？"

经理说："那就这样安排吧。"

从信息沟通的角度来说，一个完整的沟通流程应该是一方传递信息，另一方顺利接收信息，并且做出反应。如果另一方没能理解和接收相关信息，沟通活动就处于失败的状态。上述案例就是如此，助理把原因放在前面，把关键结论放在最后，导致自己的表达听起来语无伦次，而他后来换了一个顺序，效果就截然不同了。我们强调对信息进行压缩和简化处理，但是在很多时候，信息的简化并不意味着机械地删减和压缩，而在于形式上的归纳和整理。

所以，在那些信息量比较大的沟通中，无论是沟通者还是接收者，都需要想办法确保沟通内容容易被人记住，这里就要用到金字塔原理。金字塔原理简单来说就是一种层次上的概括和细分，每一层次的思想观点都是对低一层次的思想观点的解决，而同一层次的思想观点则属于同一范畴且具有逻辑性。

某个领导在会议中对下属提出了一大堆要求：下周开始，每个人必须注意衣服整洁，不能出现邋里邋遢的装扮；每天早上都要保持桌面洁净，公司会进行突击检查；而且，我希望每个员工在上班时都能保持好的状态，不要无精打采；所有人本周之前要写一份总结报告；还有上次让大家修改的方案都要交上来；各部门的经理应该在会议之后将会议指示印发下去；公司准备进行安全检查，所有职工宿舍的线路和电器都要接受检查；公司办公室内的空调也要统一进行更换。

在上述这段简单的谈话中，领导一共传递了八个重要信息，但是这八个重要信息是否会被大家一一记住了呢？恐怕很难。对多数倾听者而言，在信息量较大的时候，他们是无法在第一时间完全记住对方说了什么的。而运用金字塔原理对上面的谈话进行整理，就可以将八条信息在形式上简化成三个大项，这样沟通的效果会更好。简化后的内容如下。

注意形象：下周开始，每个人必须注意衣服整洁，不能出现邋里邋遢的装扮；每天早上都要保持桌子整洁，公司会进行突击检查；而且，我希望每个员工在上班时保持好的状态，不要无精打采。

处理文件：所有人本周之前要写一份总结报告；还有上次让你们修改的方案全部呈交上来；各部门的经理应该在会议之后将会议指示印发下去。

安全检查：公司准备进行安全检查，所有职工宿舍的线路和电器都要接受检验；公司办公室内的空调，坏掉的也要进行更换。

沟通时，许多人会将关注点放在"自己说了什么"上，而忽略了沟通的关键在于对方能够接收到多少信息，能否有效地理解相关内容。比如，一些人在谈到某个话题时，会一次性提出多条内容，或者谈到多个要点。这些内容实际上无法进行压缩或者删减，一旦盲目简化，就可能导致重要信息遗漏。但内容上的不可简化并不意味着形式上就无法进行简化，只要表达得当，一样可以让信息接受者觉得更加轻松。

哈佛心理学家乔治·米勒曾经提出了有关短期记忆的七块信息区的理论，该理论认为，一个正常人在日常的一次性记忆中，往往只能记住大约七条信息，这些信息能够在大脑中短暂地保存一段时间。如果信息太多，大脑的反应能力和短期记忆能力就会大打折扣，并且主动屏蔽超出范围的相关信息。

如果说简化信息的内容、压缩信息传输通道都是为了提高信息传输的效率，那么对相关信息进行总结和概括，就是为了将信息进行归类，从而提升沟通的便利性和针对性。除了划分同一范畴之外，同一类型的思想观点还需要进行逻辑顺序的整理，这同样是为了提升个人表达能力以及强化他人对信息接收的效果。

人们听到或者看到某一段话的时候，通常会按照这些话的前后关系来理解，并做出相应的判断。因此，沟通者在表达的时候需要维持每句话之间的联系，不能随意进行组合，不要出现条约、重复、次序颠倒的情况，混乱的表达往往会给信息接收者带来巨大的负担。

总而言之，无论是进行概括和归纳，还是把握逻辑顺序，都是运用金字塔原理的典型方式，目的是让相对混乱繁杂的信息以一种更合理的形态表现出来，保证双方的沟通可以更加轻松简单。

运信息技术，展示沟通硬实力

在日常生活中，人们通常会把沟通当成一种软实力的展示，其实沟通同样需要硬实力的支撑。在强调沟通态度、沟通技巧的时候，人们或许应该看看自己周边发生的那些变化。每天拨打的电话、发送的邮件、进行的视频对话，以及在电子平台上发布的各种信息，都是以技术为支撑的。

众所周知，在电报和电话诞生之前，人们主要的沟通方式是面对面交谈或者写信，而这两个沟通方式的最大弊端就是耗时较长。当沟通双方的距离比较远时，传统的沟通方式会受到很大的制约。在电报和电话诞生之后，人们发明了手机、电脑和互联网，使信息技术得到了质的提升。越来越多的人已经意识到，技术的提升让人们拥有了更好地沟通方式，使沟通的效率得到了明显的提升。在谈判的时候、在管理的时候、在进行信息收集的时候，互联网技术都为他们提供了更大的便利。

在电报和电话诞生之前，某个英国商人想邀请自己的五个商业伙伴一同收购一家煤炭公司，而英国商人的合作伙伴分别待在伦敦、苏格兰、华盛顿、巴黎、奥地利。想要同这五个伙伴商谈大计只有两种方式：一种是分别写信给这五个人，并且等待他们的回信，这可能要耗时好几个月，而且在信中很难一次性将问题说清楚；另一种是写信给五个人，邀请对方来英国面谈，这同样需要花费很长时间。

在过去信息不发达的年代里，人们大部分时间都处于对信息极度渴求的状态，而如今的世界处在信息大爆炸的时代，整个世界每天都会产生大量的信息，人们随时随地都可能处于大量的信息冲击之下。电脑、手机、电视、杂志，以及人们口耳相传的信息，这些都影响着人们的判断，冲击着人们的思维方式和生活方式，也影响着人们的沟通方式。

今天，互联网技术高速发展，人们不仅可以通过电话聊天，还可以使用远程视频进行沟通，一些重要的会议也能够以这样的方式召开。商人完全可以借助新技术在最短的时间内将信息传输给合作伙伴，而且几乎可以做到实时传输，这样的传输效率在过去是无法想象的。

《奔腾年代：互联网与中国（1995—2018）》的作者在书中写道：20世纪90年代初的某一天，在山东兰陵的一片棉花地里，因为疲惫和孤独，我突发奇想：要是有一种机器能带在身上，让我能随时联系到远方的小伙伴就好了。彼时，因为物质的匮乏和信息的闭塞，"大哥大"于我而言，还是个闻所未闻的词，BP机直到90年代中叶才开始在县城追求时尚的人群中流行。在几乎与信息文明毫无关联的故乡的土地上，我的想法显得遥远而不切实际。对于个人亲历的经验世界之外的认知途径，除了学校发的教科书，偶尔在县城书店购得的杂志，就是口口相传的历史故事和民间传说。时间平静舒缓，世界似乎一成不变。

大概在2000年前后，随着网吧在县城零星出现，信息化的浪潮开始冲刷到了我所生活的乡土中国。互联网悄无声息地为无数年轻人打开了一扇大门，将他们带向一个充满了无限可能的世界。他们从网上阅读新闻，浏览信息，消遣娱乐，在论坛中发表一己之见，向不知身在何方的陌生人敞开心扉。人们的生活越来越多地被打上信息技术革命的烙印。事物存在的方式也逐渐分为两部分，现实的和虚拟的。自此，时间开始了加速度，影响生存的变量逐渐增多。

特别是 2010 年之后，随着移动互联网的普及，这种趋势愈发明显。信息科技的门槛越来越低，操作也越来越简单。互联网成为人们日常生活中不可或缺的一部分。手机支付越来越普遍，在城镇的集市上，即使买一碗豆浆，也可以使用支付宝或微信支付。网约车软件把出租车和专车司机与乘客密切地联系在了一起，无论是在人口聚集的县城，还是在散布于原野的村庄，出行用车都变得便捷而高效。互联网拉近了中国村庄和世界各地的距离，在代购网站下单后，海外的各种物品可以通过便捷的物流渠道抵达中国的村落。

随着互联网技术的发展和信息技术的更新换代，人们在社交和沟通中的效率不断提升，沟通速度加快，一对一的沟通模式开始出现，这就使得人们可以克服空间距离，尽可能达到面对面交流的效果和体验。由于沟通技术的提升，人们还可以利用各种信息传输工具和社交工具，保证社交广度的无限延伸。

如果对不同时间段的沟通方式进行分析，就会发现提升信息传输的方法和技术息息相关。当技术不断提升的时候，沟通效率也会得到提升，沟通信息的完整性也更能得到保障。比如，视频聊天就比单纯的通话信息量更大，而且信息不容易出现遗失。

一则新闻提及："2009 年，优衣库在中国的市场推广工作全面委托给大宇宙咨询（上海）有限公司。大宇宙经过专业的分析和比较后，选择了上海亿业网络科技发展有限公司为优衣库量身订制电子邮件营销的解决方案，将电子邮件打造成优衣库重要的营销渠道。

"通过发送电子邮件邀请函，将对优衣库感兴趣的淘宝会员，转化为优衣库的活跃用户。定期向新老会员发送电邮杂志，开展 EDM 营销，定期向客户推荐新产品，提高客户的品牌忠诚度。经过半年的 EDM 运营，优衣库的活跃用户增长近 70%，电子邮件营销渠道产生了约 20% 的销售额，电子邮件已成为优衣库重要的网络营销渠道。"

优衣库就是利用了信息技术带来的便利，与客户实现了高效的沟通，进而建立起成功的营销网络平台。

比尔·盖茨是坚定的技术支持者，他认为信息技术的发展将会改变人们的生活方式和沟通方式。在他的新生活理念中，通过信息技术的链接，人与所有的家庭设备、家庭成员都会连成一体，也会与整个社会连成一体。到那个时候，信息共享可能会发展到更高的层次，沟通的效率也会更高。所以，我们要学会与时俱进，紧跟信息技术的潮流，时刻保持高效沟通。

说话要条理清晰、逻辑分明

如果一个人说话不着边际、毫无逻辑，那么即使说再多也很难达到有效沟通的目的，更别说高效了。谈话技巧中有一个"黄金三点"理论，可以有效改善说话条理不清、没有逻辑的问题。

"黄金三点论"看似是一个专业术语，但其实是我们再熟悉不过的理论。该理论是谈话的万能模板，善于运用"三点论"归纳总结自己的观点和看法，可以使我们的语言更具条理性，更能突出重点，也更能给听者留下深刻的印象。

一位新生代演员在众多竞争对手中脱颖而出，获得了最佳新人奖，以下是他的获奖感言：

"此时此刻，我真是百感交集，想说的话有很多，不过我想还是想用三个词来概括我此刻的感受，第一个词是感谢。感谢大家对我的信任和支持，感谢我的老师，感谢……总之感谢我生命中遇到的每一个人。第二个词是责任。作为一个演员，我的责任就是竭尽所能为大家带来更好的作品……第三个词是行动。在以后的演艺道路上，我会脚踏实地，用行动和作品说话，谢谢！"

这位演员仅用寥寥数语就清晰地表达出了自己的获奖感受，相信每一位听众的脑海里会深刻地记住感谢、责任和行动这三个词，这便是"黄金三点论"的妙用。

在日常沟通中，人们往往重视对话题的扩展，希望自己可以多谈论些内容，以至于常常忘记了自己最初想要谈论的是什么，也忘记了谈话的主线和重点。这样就出现了跑题的情况，沟通也就失去了意义。

有时候人们又会陷入另一个陷阱，试图一次性将所有的话题说清楚。同跑题不同的是，沟通者试图将几个不同类型话题全部放在一次沟通中解决，这样做往往会带来很多不便。当多个沟通话题同时存在和出现的时候，可能会存在"选择性障碍"，人们虽然清楚自己应该先聊些什么，却依然可能会在不同的话题中纠结。

马东刚毕业，找工作的时候总担心在面试官面前冷场，所以面试的时候刻意地没话找话和面试官攀谈。面试时，马东每次都要把自己的优点和缺点仔细说给面试官听，可是他的面试一次都没有成功过。

一位学长告诉他，面试的时候只针对这份工作的具体要求阐述自己的优点和缺点，表明自己有足够的能力胜任这个岗位就可以了，多余的话不要说，否则只会给面试官留下逻辑混乱、思维不清的坏印象。后在，马东在学长的指导下终于找到了满意的工作。

沟通中逻辑条理混乱，不能把握谈话的要点，这样的人显然缺乏控制全局的能力。你是什么样的人，就会说什么样的话。一个不懂得沟通技巧的人，无法与听者畅快交流，自然也无法与人建立互信合作的关系。

还有一种情况是，人在混乱或者危急的情况下特别容易语无伦次。情绪对说话者的影响是很大的，说话者在惊慌失措与沉着镇静两种状态下，对语言的把控截然不同，说出的话以及达到的效果自然天差地别。因此，越是在情况紧急的时候，越要沉着应对，理清思路，有条理、有逻辑地表达自己的想法和意见，万万不要失了主张、乱了分寸。

春秋时期的晋文公非常喜欢吃烤肉。有一次，御厨给他上了一盘精心烤制的肉，晋文公正准备大快朵颐，却发现烤肉上竟然缠着一根长头发。晋文公的食欲即刻被破坏殆尽，他命人将御厨五花大绑，要治他大不敬之罪。

御厨没有喊冤，而是镇静地对晋文公说："大王确实应该治我的罪，因为我有三大罪状。"

晋文公一愣问道："你有哪三大罪状？"

"一罪，我在磨刀石上将刀磨得锋利无比，能切断坚硬的肉和骨头，却切不断一根头发；二罪，我把切下来的肉块一个个穿到竹签上，但这么长的一根头发竟然没有看见；三罪，我把炉火烧得旺旺的，把肉烤得香喷喷的，却连一根头发都烤不断。这三条罪状足以让大王治我的罪！"

御厨说完话，晋文公便觉察到了什么。他命人严查此事，原来是因为御厨的烤肉手艺深得晋文公的宠爱，遭到了一个厨子的嫉恨，他将头发放到烤肉上，以此来陷害御厨。真相终于大白，御厨没有受到责罚，反而得到了晋文公的奖赏。

可见，临危不惧是一种能力，更是在紧急关头能有条理、有逻辑地表达自己的关键，这种能力是每个人都能通过后天努力培养和提高的。遇事慌乱是因为面对失控的态势不知如何应对，因此丧失了自信。在危急关头或紧急状态下，最重要的是先稳住阵脚，不要被情绪左右。保持理性是使自己条理清楚、逻辑清晰沟通的不二法门，也是自信的来源。在日常生活中，应尽可能地为自己创造在大庭广众之下说话的机会，提高自己的心理素质。

及时有效的反馈，为高
效沟通"锦上添花"

沟通是一个双向、互动的过程，既要积极主动地展示自己，也需要用心倾听、适时反馈。在沟通过程中，认真倾听和及时反馈是高效沟通的途径，积极反馈是对谈话者的一种认可和鼓励，给对方继续交谈的勇气和信心，使对方更愿意将内心的想法表达出来。掌握更多的有效信息也有助于促成谈话目标的达成。

及时回应对方，促进良性沟通

人际沟通过程有时是为了满足社会性需求和维持自我感觉，有时是为了发展和维持关系，有时是为了分享信息、影响他人。如果你想与他人建立并发展良好的关系，就必须积极主动地给予对方适当的反馈，同时还要将自己的观点和感受等拿出来与他人分享。

凤凰卫视有一档王牌节目《鲁豫有约》，节目主持人陈鲁豫在听嘉宾说话的时候，总是喜欢用手托着下巴，"深情"地望着嘉宾。等嘉宾说完一段话之后，陈鲁豫总是会接上一句："那然后呢？"

"那然后呢"是极为简单的四个字，却具有非同一般的魔力，它不仅表明了陈鲁豫对嘉宾的谈话非常感兴趣，在很认真地听，还表示了她想要继续听下去，因为对方说得实在是太好了、太精彩了。这一个小小的互动技巧，让所有接受陈鲁豫采访的嘉宾都称赞她是一个非常招人喜欢的人。

一位好的听众，不应该只是被动地接受信息，而是应该主动地推动对话继续下去，就像陈鲁豫一样。如果不对说话人做出适当的回应或认可，对方就会失去表达的兴趣。

实际上，沟通过程的互动就是让对方清楚地知道自己的行为或言语在对方那已经产生了作用。这相比单向沟通而言，能够给人被重视的感觉，同时还能将自己心中想到、对方并不知晓的内容明确地表达出来，既可以促进对方继续保持现状，同时还能传达出自己对该谈话的重视程度。

但是，并不是所有的反馈和互动都能产生一样的效果。美国沟通学家罗恩·赫伯特曾说："两个人对某件事情的认知性趋同，亲和力与沟通的效果就会随之提高，而彼此的了解也就增加了。"

有效的沟通就是说对方想听的，听对方想说的。双方都能主动回应，沟通的质量就会大大提升。为此，你必须用心倾听对方讲话，并对他人的信息进行有效的编码、解码，第一时间进行信息反馈。

从自己的角度来看，首先要了解对方想听什么，这一点可以通过认同、赞美、询问需求的方式实现，并以对方感兴趣的方式表达，灵活运用说话的艺术。采用恰当的说话方式，可以吸引听众的注意力，充分展示自己的意图。

反过来说，如何做一个合格的倾听者呢？善于倾听的人不是三缄其口，而是当对方畅谈自己的想法时，懂得以眼神交流，用肢体语言做出回应，让对方感受到你的热情与兴趣。显然，积极的回应能够鼓励对方继续说下去，适时点头、微笑都会提升沟通效果，让彼此的交流变得和谐、畅快。

一位客人在一家高档酒店用餐完毕后，将制作精美的筷子装进了自己的西装口袋，这一举动恰巧被旁边的服务生看在眼里。

这位服务生不动声色地走到这位客人面前，将一个装有筷子、包装精致的盒子递给客人说："先生，您好。我发现您在用餐的过程中，对酒店的餐具爱不释手，可以看出您非常喜欢这套餐具，我们经理破例让我代表餐厅将这双筷子以优惠价格算在您的餐费中，您看如何？"

客人当然明白服务生的真正意思，便答道："非常感谢餐厅如此周到，刚才的用餐非常愉快，多喝了点酒，竟然把筷子误装进口袋里了。"

随即，客人取出餐具说道："既然你将这双消过毒的筷子给我，我就以旧换新吧。"说着，接过服务生手里的筷子结账离开了餐厅。

服务生机制巧妙地与客人沟通，客人也机智地回复了服务生，既维护了餐厅的利益和客人的颜面，又避免了一场冲突，取得了双赢。

我们在与人对话时，应该先默默倾听，不要急于打断别人说话。在倾听的过程中，可以了解对方的所思所想，如果听到有不解的地方，应及时提出问题，以提问的方式倾听有助于彼此更深入的沟通和交流。

在倾听时，采取积极的提问方式能够挖掘出更多有价值的信息，提升沟通的效率。提问的功效还在于提升谈话者分享的兴趣，刺激对方产生更为强烈的沟通欲望，有时还能带来缓和气氛、瞬间拉近交流者彼此距离的效果。

诺贝尔文学奖得主莫言赴瑞典名校斯德哥尔摩大学参加作品交流会，会议结束之前有一个和学生互动的环节，一位中国学生问道："莫言老师，你幸福吗？幸福的源泉是什么？我们应该采取什么样的方式获取幸福？"

现场的中国学生和学者都乐了，当时中央电视台刚刚推出《走基层百姓心声》这个节目，其中调查"什么是幸福"这期栏目在网上引起了热议。听到这位同学一连串的发问，莫言笑着反问："你是央视的吧？"会场气氛一下活跃了起来。

　　有时候，作为一个倾听者，并不需要不停地说话和提问，一个眼神也是很好的回应。眼神是传递感情最好的工具，一个眼神有时胜过千言万语。同样，对方也可以通过观察你的眼睛来探知你内心深处的真实情感，从而对你说的话做出进一步的判断和回应。那么，我们应该如何给予倾诉者以回应和鼓励呢？

　　社交学研究证明，眼神与眼神的交流可以营造出一定的社交气氛，而视线停留的位置则是这个社交氛围形成的关键。通常来说，眼睛与嘴巴的三角地带是最佳的视线位置，因为注视这一带不会让人感到局促，反而能让对方感受到你的温和与关心。

　　假如你想从心理上压倒对方，迫使对方接受你的观点，可以选择注视对方额头正中间的三角区域，这会使你看起来更严肃、更权威。同时，我们还要学会控制自己的眼神：不要眼神空洞，也不要眼光躲闪，这会给人留下心怀不轨或目中无人的印象；频繁地眨眼睛会让对方感觉你是一个不可靠的人；一个真诚的眼神配上真诚的微笑，是征服人心最有力的武器。

真诚的倾听和反馈促成高效沟通

　　人们都喜欢倾听者，因为他们愿意分享他人的弱点，愿意听取他人诉说不愉快的事情。如果你想让其他人喜欢内在的你，那么你就要做个倾听者，千万不要逃避。

　　一天，美国知名主持人林克莱特采访一名小朋友。林克莱特问他："你长大后想做什么？"

　　小朋友天真地回答："我要当飞机驾驶员！"

林克莱特接着问："如果有一天，你的飞机飞到太平洋上空，所有引擎都熄火了，你会怎么办？"小朋友想了想说："我会先告诉坐在飞机上的人，请系好安全带，然后我挂上我的降落伞跳下去。"

现场的观众笑得东倒西歪，然而林克莱特继续注视着这个孩子，想看他是不是个自作聪明的家伙。没想到，面对嘲笑，孩子委屈地流下了两行热泪，于是林克莱特接着问道："你为什么要这样做？"小男孩儿的回答透露出一个孩子真挚的感情："我要去拿燃料，我还要回来！我还要回来！"当孩子不顾别人，自己挂上降落伞跳下去时，谁"听"出了这个孩子的同情心呢？

作家鲍威尔曾说：我们要聆听的是话语中的含义，而非文字。在真诚的聆听中，我们能穿透文字，发掘对方的内心。

人们都喜欢倾听者，尤其是富有同情心的倾听者，他们和亲密的朋友一样重要，无论对个人还是对团体来说，善于倾听的人都能起到积极的作用，人们会感到他们相当可靠、忠诚、值得信赖。

倾听者会在考虑自己的需要前，先考虑他人的需要，并且会支持和帮助他人。倾听者喜欢进入他人的心灵和头脑，乐于分享他人深层次的感受。人们倾向于向倾听者敞开心扉，是因为人们渴望被关怀，而真诚的倾听者也确实做到了这一点。

从物理学的角度来看，作用力与反作用力总是同时出现的。人是一种情感动物，你真诚地关怀别人，别人也会真诚地为你着想。如果你热情地关照别人，别人也会想为你做点什么。语言负载的内容除了基本的文字信息，还有感情信息，这种感情信息的内涵十分丰富，在谈话中起着非常重要的作用。在与人交往时，只要展现出真诚，便可以彼此信任、达成共识。

1858 年，林肯在竞选美国上议员的时候，准备到伊利诺伊州南部进行演说，当地人异常野蛮，那时候蓄养黑奴的恶霸们本就对废奴主义者恨之入骨，自然要借林肯之行伺机报复。他们立下誓言，只要林肯敢来，一定要置他于死地。

演说前夕，林肯真诚地说："南伊利诺伊州的同乡们，肯特基的同乡们，听说在场的人群中有些要置我于死地，我不明白你们为什么要这么做，我也是和你们一样拥有政治权利的平民，为什么不能拥有发表意见的权利呢？我生在肯特基州，长于伊利诺伊州，我本就是你们中间的一员，和你们一样在艰苦的环境中挣扎到现在。"听完林肯的演说，林肯的敌人为他大声喝彩，甚至那些打算要把林肯杀掉的人和林肯成了朋友。

说话的最大魅力不在于语言有多华丽，而是看说话的人是否倾注了感情，是否在真诚地表达自我。真诚的话语不仅可以融化陌生人的误解，还可以引起他人的共鸣和认同，甚至可以化解对立和怨恨。

美国推销大王乔·吉拉德说："你知道，真诚是从书本上学不到的东西，只可意会不可言传。你得自然学会，人们喜欢真诚的人，一个推销员必须真诚并且处处为客户着想。你知道什么东西造就一家生意兴隆的饭店吗？是一传十，十传百的声誉，是那些伟大的饭店的厨师所呈上的爱心和真诚。"真诚是看不见、摸不着的，但是人们确实可以通过你的言行举止感受到。要表现真诚，就一定要发自内心，表面上的装模作样绝对呈现不出真诚的面貌。

真诚的赞美会使人感到愉悦和鼓舞，被赞美的人会对说话者产生亲切感，从而使彼此之间的心理距离缩短、靠近。

在美国商界中，年薪最早超过 100 万美元的管理者叫小刘·斯科尔特。他在 1921 年被安德鲁·卡耐基选拔为新组建的美国钢铁公司的第一任总裁，而当时他只有 38 岁。那时美国人的收入水平普遍较低，这 100 万美元在当时的价值相当高。为什么小刘·斯科尔特能够获得如此高的年薪呢？答案并不是他的专业知识有多么过硬，他亲口说过，关于怎样制造钢铁，他手下的许多人都比他懂得多。

小刘·斯科尔特说，他能够拿到这么多薪，是因为他知道跟别人相处的本领，知道办事的诀窍。他说那只是一句话，但这句话应该锲在全世界任何一个有人住的地方，每个人都要背下来，因为它会改变我们的生活，会提高我们的办事能力。他说："我认为，我那些能够使员工鼓舞起来的能力，是我拥有的最大的资产。而能够让一个人发挥出最大能力的方法，就是真诚的鼓励和赞美。"

使一个人发挥最大能力的方法是便是真诚地赞赏和鼓励。在生活中，大多数人希望自身的价值得到社会的承认，希望别人欣赏和赞美自己。学会站在对方的立场和角度考虑问题，说出的话就更能容易打动人心，也更能让对方感受到你的真诚。

每个人都希望得到别人真诚的尊重、理解和关心，就像物理学中的作用力与反作用力一样，只有付出了真诚，你才能俘获别人的心，更容易达成高效沟通的目的。

此外，我们要对自己所持的观点抱有足够的信心和坚持，只有你信服自己的观点，你才能说服别人。不要过度包装自己和自己的观点，自曝其短会让你看起来更诚恳。

一个推销员向一位顾客推销电扇，顾客对电扇的性能提出质疑，推销员直言相告："的确，这一类型的电扇功率比较小，风力不够大。但是它环保、节能，更重要的是几乎没有噪音，更适合给老人使用，既不影响老人的睡眠，也不用担心强劲的风吹坏老人的身体。"顾客觉得推销员的介绍很中肯，就给父母买了这台电扇。

我们还要学会用微表情和肢体语言为自己加分。微表情和肢体语言很容易在不知不觉中出卖我们的秘密，所以要尽量让自己无意识流露出来的表情和下意识的动作少一些，试着给对方一个真诚的笑脸。卡耐基说过："真诚的笑脸会把幸福带进对方的心灵。"一张温暖的、和煦的、真诚的笑脸能让人忘却烦恼，并能迅速拉近彼此的距离，促使彼此敞开心扉。

让声音的魅力提升沟通的质量

人们常说："一句话能说得人笑，一句话也能说得人跳。"哪怕是同一句话，但是用不同的语气来说，效果也很可能截然相反，这就是声音的奇妙之处。

说话是一门艺术，掌握发声的力度能呈现出不同的说话效果。绝大多数人只注重说话的内容，但是研究表明，语气、声调、语速等都有奥妙。会沟通的人懂得根据听众、气氛发声，让谈话内容表现出应有的感情色彩、价值取向。只有洞悉声音背后的心理学奥妙，听众才能分辨弦外之音。

正如唱歌有欢乐和悲伤一样，说话也有抑扬顿挫、平缓柔和，不同的语调可以表达不同的情感，内心情绪的泄露完全可以通过声音的变化来掌控。没有语调变化的声音，就像一块平淡无奇的木头，让人听起来索然无味。声音的高、低、快、慢可以充分表达一个人的内心情感，而其宣泄出来的情绪也会极大地影响周围的听众。

罗西是意大利的著名影星，有一次他用声音跟观众开了个玩笑。那是在一次涉外宴会上，一些外国嘉宾要求罗西现场为他们表演一段悲剧，罗西拿起剧本就开始表演，他时而悲愤、时而沉痛的声音，配以丰富的表情，很快就将观众带入了一个悲剧世界。很多观众对意大利语一窍不通，却也随着罗西的表演落下泪来。终于，一个在场的意大利人忍不住放声大笑。原来，罗西根本没有在表演什么悲剧，而仅仅是在念当天的菜单。

同样一句话变换不同的语音语调说出来，对听者造成的心理影响会有很大的不同。可以说，语调是声音的色彩、是语言的音符，其轻重缓急、高低顿挫都会极大地影响听众的情绪，而用不同的语调说出的话，其说服效果也是大不相同的。

要想有效地说服他人，一定要学会掌控自己的语音语调，灵活运用语调的变化为自己的语言增加色彩，引导对方的情绪和心理。

我国作家冰心有一次在路上行走时，无意间听到广播里正在播出自己的一篇文章，听着听着，冰心就不由自主地停下了脚步。原来，播音员满怀感情的声音深深吸引并打动了冰心，她从来没有想到自己的文章配上这样深情的声音竟然能让自己感动不已。后来，冰心找到了这位播音员，并且和这位播音员成了朋友。

说话者的情绪变化、感情起伏都可以通过语音语调来呈现，从而对听众的心理产生奇妙的作用。哪怕是诵读一串毫无意义的数字，只要加上特定的语音语调，也能对听者产生不同的心理影响：用轻快的声音诵读，听者的心情也会变得轻松快活；用悲凉的声音诵读，听众就会随之变得低沉忧郁。可见，我们可以通过控制自己的声音来达到调动对方谈话的热情，甚至可以通过控制声音影响对方对事物的判断。

想成为一个谈话高手，一定要学会用不同的语音语调来表达说话的内容，灵活运用语调的抑扬顿挫、轻重缓急来增加影响力和说服力。

只要没有语言障碍的人，几乎都有其独特的说话方式和语速规律。"说话"看似简单，实际上有着复杂的发生机制，它不仅与大脑语言中枢有关，还与思维、情感、态度、性格、心理等因素息息相关。换句话说，不用做测试，也不用调查对方的背景，只要听其说话，就能判断出对方的个性。

心理学家研究发现，语速的快慢能够直接体现出说话者的心理状态。语速快的人大多是急性子，语速慢的则通常脾气温和。在生活中，语速特别快的人和语速特别慢的人只占少数，大多数人的语速都属于中速。那么，遇到说话速度适中的人时，我们应怎样看他们的内心世界呢？具体来说，我们要善于观察他们在说话时的语速变化，从细微的变化中发现情绪的波动起伏。

周波是一名重机械销售人员，经常会收到来自客户的各种言语攻击。经过多年和客户打交道的经验，周波摸索和总结出了一套避免客户投诉的办法。周波发现，一般情况下，客户语速变快，语气变得急躁，预示客户心有不满和不耐烦，所以一旦客户的语速出现异常，周波就会立即采取行之有效的安抚措施，如果客户语速急促的状况没有得到改善，就要马上转变安抚策略，如果客户的语速回归正常，说明安抚措施行之有效。周波这种通过观察客户语速的变化并及时给予疏导和安抚的策略，帮助他把大部分投诉都消灭在萌芽状态。

通常情况下，语速变快是情绪激动的表现，人们处在惊喜、发火、愤怒、激动等情绪中时，语速往往会不自觉地加快。语速由快转平则意味着对方正在试图通过自我控制来恢复内心平静，如果你正在与人争论某个问题，对方的语速由快转平，那表示你的观点和意见正在被接受或认可。语速突然转慢的原因有很多，诸如缺乏自信、底气不足、假意敷衍、有意隐瞒等，因此我们要学会具体问题具体分析。

说话点到为止，切勿触碰他人禁忌

在与客户交谈时一定要注重细节，细节有时候可以决定洽谈能否成功。在洽谈过程中，有些话应点到为止，千万不要翻来覆去，啰里啰唆，要明白过犹不及的道理。

俗语说："说话莫说过头话，话到嘴边留三分。"这种"留三分"的说话境界并不是见到别人有了缺点而不敢指出也不去指出，刻意隐瞒自己对某一事件的看法，而是摒弃阿谀奉承、一味迎合的态度。"点到为止"这种表达方式，通过七分话语外延出的三分张力，把十分的话语空间充斥满。这样既能表达出你所要表达的本意，又能给对方充分的思考空间。说话点到为止，给人留有余地，这样能够帮助我们更好地处理和改善人际关系。

张老师是某学校初中三年级的班主任，一次，她听说学生小梅要举办豪华的生日宴会，于是把她叫到自己的办公室问道："小梅，你的生日派对准备得怎么样了？"

小梅不无得意地说："家里都给我准备好了，准备好好地办一场。您知道我是独生子女，所以爸爸妈妈非常疼我。"

"哦，据我所知，咱们班就只有我不是独生子女。"小梅终于听出了张老师的言外之意，于是她说道："老师，我今天回去就告诉爸爸妈妈尽量办得简洁一些，到时候请老师赏光！"

老师说话点到为止，既维护了学生的面子，又把自己的意见表达清楚了，这种方法值得我们学习。

从相反的角度来讲，如果说话不点到为止，其后果就不堪设想了。假如你想做一个交际场上的说话高手，就应懂得把握好说话的"火候"。人们常说"言多必失"，意思就是说如果一个人总是滔滔不绝地讲话，说得多了，就自然会暴露出很多问题。

办公室新来了一个同事叫李亮，小伙子大学刚毕业，各方面的能力都很出色，他还有一个特点，就是特别喜欢说话。无论在什么场合，只要一有话题他就会参与进来，而且每次都要大侃一通，发表自己的观点，还必须要让别人佩服他。

一次，办公室同事看了某电视剧，正在讨论里面的剧情。有个同事说："你说那男的真是的啊，怎么就和那女的分了呢？我还以为他们会在一起呢。"

另外一个同事说："哎，也不怪那个男的，是那女的另寻新欢。"

这时候，李亮搭茬了，打开了话匣子，对剧中的女人一顿批判："这样的女人真是没有道德，社会上的风气就是被这些人败坏掉了……"一番话下来，李亮似乎觉得自己把该表达的都说了出来，很是爽快，他并没有注意到平日里也会参与讨论的女经理一直沉默着。

没过多久，公司人事变动，李亮被请出了这间办公室。后来，他才明白了其中的原委。原来女经理在他说那番话的时候，男朋友刚和她提出分手不久，而原因正是她和其他异性过于亲密。

每个人都有自己的禁忌，这些禁忌很可能是你所不了解的。所以在说话的时候，一定要注意，不要说过头的话。特别是在人多的场合，一旦失言，就可能伤害到某个人，从而为自己招来祸端。

在拼搏事业中，我们的一言一行都关系着个人的成就荣辱，因此言行不可不慎。在当今社会中，有些人在和别人交谈时，说到高兴之处就忘乎所以、口无遮拦，没有了分寸。要知道，这不但是不礼貌的表现，而且还可能有损你的气质和专业形象。在交谈中，要切记有些敏感话题是要小心避免的。

生活中的那些成功人士说话就很会把握分寸，无论在什么场合都落落大方，该说话的时候说得很充分，不该说的时候一句话也不说。

说话是个技术活儿，跟别人交流要懂得"点到为止"。自己在乎的事情，不管是好是坏，都不能喋喋不休地一直讲。说话能否让人舒服，是对情商的一个考验。有人在的地方，不管是哪里，就会有是非，如果自己不参与其中，是非就会与你绝缘，否则，你很难成为淤泥中的莲花。

一个人最难忍耐的就是自己受到委屈，但是被人误解时不能急于为自己解释、辩驳；或者当别人出语不逊时，要以平等、放下的心态来处事，修行就能见真章。

说话有三忌：第一，忌口若悬河。当对方对你所谈的内容不懂或不感兴趣时，不要不顾对方的情绪，自己滔滔不绝。英国哲学家培根说："交谈时的含蓄和得体，比口若悬河更可贵。"其实，交谈是由说、听两方面组成，任何一对交谈者，他们之间都应有一个不成文的协议，即彼此又听又说。一方的"说"是为了对方的"听"，一方的"听"又促成了对方的"说"。谈话技巧的一半是听的艺术，"听"有助于了解对方，捕捉对方的意图和需要。最聪明的谈话者通常不是说话最多的人，而是听得最仔细的人，并能在关键时刻发表精辟评论，人们往往对这种人印象深刻。

第二，忌自我炫耀。交谈中不要炫耀自己的长处、成绩，更不要或明或暗、拐弯抹角地为自己吹嘘，以免使人反感。《三国志》中有一句话："言过其实，不可大用。"有自我表现的欲望是人之常情，但是夸口说大话、喜欢炫耀自己的人，会给人外强中干，华而不实、虚荣心强的印象。卖弄自己，显示自己才华横溢，对方会有相形见绌的难堪，这也不利于交谈。

第三，忌短话长谈。在谈话中，鸡毛蒜皮地"掘"话题，浪费大家的宝贵时光；要适可而止，提高谈话的效率。有些男士喜欢高谈阔论自己的嗜好，有些女士津津乐道于家长里短等，这类内容往往会让对方感到无聊，假装倾听只是出于礼貌。鲁迅曾说："无端地空耗别人的时间无异于谋财害命。"虽说勉强对方倾听不至于谋财害命，但无视别人的感受实际上就是一种不尊重。

因此，在沟通过程中，不论是在正常情况下还是在气头上，说话时都要坚持"点到为止，不要触碰禁忌"的原则，这样才能给自己留足余地，让自己在坏的情况下可以转圜，在好的情况下可以受人青睐。

可以常常说话，但不要话说太长

一位语言学家做过一项研究，结果显示：说话时长在 45 秒之内最容易理解，按照一分钟讲 280 个字的速度来算，45 秒能讲 210 个字。超过 1 分 30 秒，听者就会感到谈话冗长，超过 2 分 10 秒，听者就很难集中注意力理解你说的内容了。世界著名的演讲艺术家弗尔特说："你应该常常说话，但不必说得太长，少叙述故事，除了真正贴切而简短之外，不讲为妙。"

第二次世界大战的战火波及美国的时候，美国政府开始号召大量青年到前线作战，但是这些习惯于安逸生活的美国青年并不愿意把自己的生命交到任何一个长官手中，在他们看来，上战场就意味着死亡。俄亥俄州一位负责征兵的行政长官尽管费尽口舌，还是无法说服这些年轻人上战场。

经人推荐，一位心理学家来到征兵现场。心理学家没有过多渲染爱国情绪，只是沉默了几分钟，然后对着台下注视他的青年说："亲爱的孩子们，其实我和你们一样，特别珍惜自己的生命，热爱生命是无罪的，所以我和大家一样害怕死亡、反对战争。但是我的内心同样在告诉我，上战场并不意味着死亡。因为即使我参军了，也很有可能是在后方工作；如果我到了前线，我也可能留在安全的地方；即使我真的不幸拿起了枪，但是有谁说上战场就一定会受伤呢？就算是受伤了也并不一定会危及我的生命。就算我的运气真的不好，在战场上牺牲了，那么我将成为亲人、朋友，甚至国家的骄傲，会成为孩子们崇拜的英雄，并且我还能因此获得一枚金光闪闪的勋章和一大笔抚恤金……"

心理学家讲完后，台下的青年们先是沉默了片刻，然后大部分青年表示愿意参军，甚至先前那些抵制参军的青年也变得很积极。用他们的话来说，他们想要创造属于自己的奇迹。

这位心理学家之所以能说服这些青年去参军，是因为他找到了问题的关键。不管是为了那笔丰厚的抚恤金，还是为了成为英雄，这些青年都愿意拿自己的生命去搏一搏。

有经验的园艺师常常会把树木多余的枝条剪掉，以使树木茁壮成长，结出丰硕的果实。就像会说话的人总能把话说得精简得当，语意明确。中国有句俗语是这样说的："蛤蟆从晚叫到早，不会引人注意；公鸡只啼叫一声，人们就起身干活。"语言的精髓在精不在多。

1995 年初 3 月初，迈克尔·乔丹复出，继续他的篮球职业生涯。为了宣布这一重磅消息，经纪人给乔丹准备了新闻发言稿，乔丹没有用这个发言稿，只随手抓了一张纸，随手写下了"I'm back."这短短的一句话。

3 月 18 日，迈克尔·乔丹正式发表他的回归声明，以"我回来了"来回应人们关于他的职业生涯计划的所有疑问。乔丹这句简单却充满力量的回归宣言成为各大媒体的标题语，也成为乔丹回归的那一个时代的标志。

要做到语言精简，其中一个技巧就是删繁就简、长话短说。要想做到这一点，前期的准备工作是必不可少的。

一次，马克思的小女儿艾琳娜请教当时一位著名的历史学家："你能将历史缩写成一本小册子吗？"历史学家笑着答道："不用小册子那么多，只要四句德国谚语就够了。第一，上帝要谁灭亡，先让其拥有独裁的权力；第二，时间就是一个巨大的筛子，最终会筛掉一切历史的沉渣；第三，蜜蜂采花，反而使花朵开得更盛；第四，黑暗里才能望得见星光。"

这位历史学家用四句话巧妙地对历史进行了深度概括，这一定跟前期的知识储备是分不开的，语言精简的艺术背后往往藏着人们的大智慧。另外，如果想让自己的说话不落俗套，就要运用活跃的思维和高超的技巧去锤炼你的语言。

1903年12月17日，美国发明家莱特兄弟驾驶着人类历史上第一架飞机，实现了人类遨游天际的梦想。他们到欧洲各处旅行，所及之处都会受到当地人的邀请，出席为他们举办的盛大庆功会。

有一次，他们到了法国，各界名流都来参加莱特兄弟的庆祝会。在大会上，人们热烈要求莱特兄弟为大会致辞，哥哥威尔伯·莱特推脱不下，只好走上台，他的致辞只有一句话："据我所知，鸟类中会说话的只有鹦鹉，而鹦鹉是飞不高的。"

这句话刚说完，全场掌声雷动，经久不息。

莱特兄弟完全可以上台大谈发明飞机的艰难过程，也可以畅谈在天空飞行中的感受，但是他们并没有这么做，只用一句话就说明了创造飞机过程的艰难和伟大之处，给在场的人留下了深刻的印象。

当然，长话短说并不是刻意去创造一句震撼人心的话，如果你和对方并不是很熟悉，刚开始交谈就直奔主题，势必会让人感到唐突，交谈的效果自然不会很好。而如果你跟对方比较熟悉，就可以删繁就简，尤其是在诸如商务谈判、会场发言、年终报告这些比较正式的场合中，要尽量做到长话短说，把冗长的客套话去掉，抓住要点，一语中的，那么势必给人留下深刻的印象。

委婉的表达是高效沟通的缓冲剂

委婉的言辞是高效沟通的"缓冲剂"，是表达的"柔道术"，委婉的表达可以让听者在比较舒心的氛围中领会话者的本意，也会让原本磕磕绊绊的交往变得顺畅起来。以古人为例，古时的臣子、晚辈对君王、尊长的不恰当行为不敢直言，通常会采取委婉的方式表达出来。

从前，魏王想攻打赵国都城邯郸，谋臣季梁得知此事，赶忙从旅途返回，入宫拜见魏王。他对魏王说："我在旅途中遇到一个要去楚国的男子，赶着车向北走。我提醒他楚国应该往南走，他跟我说他的马是日行千里的好马。我又跟他说，马是好马，可是他走的方向错了。他回我说，他的驾车技术超高，身上带了足够的盘缠。显然，他具备了去楚国的所有条件，只可惜他走错了方向。"

"大王，"季梁接着说："你刚称霸主不久，便想仗着国富兵强攻打赵国，你的目的是扩大领土，远播威名。可赵国并非弱小，若进攻不利，反而会削弱魏国，大王便离霸业日远矣。这不就和那个明明要去楚国，却偏偏往北走的男人一样了吗？"魏王听后有所顿悟，改变了攻打赵国的主意。

　　先秦时期的纵横家们往往用这种委婉的方式进谏君王，因为封建君王喜怒无常，直言进谏很可能会得不偿失。委婉的说话可以避免因言语过失带来的对抗，能让对方有时间细细思考我们的言外之意，从而接受我们的观点，达成共识。

　　现代人交流时都喜欢听实话，但是在某些特定的场合和特殊的情况下，实话说出来会令人尴尬，伤人自尊，甚至引发不必要的矛盾。

　　一日，一位男士来到药店，询问营业员是否有治疗牙疼的止疼药。营业员拿出一盒药，交给捂着牙表情痛苦的男士说："这是癌症和癌症术后患者止疼用到特效药，效果特别好。"男士听完营业员的介绍后勃然大怒："我就是牙疼，你用得着用癌症咒我吗？"说完药也没买便夺门而出。

　　上述案例中的营业员虽然是实话实说，但是他忘记了饱受牙疼折磨的人通常心情十分烦躁，而且易怒，他们需要的是安慰，而不是往伤口上撒盐的大实话。其实实话实说并没有错，但是我们有时候更需要的是委婉地说。

　　英国诗人拜伦在街上看到盲人身上挂着一块乞讨的牌子，牌子上写着："自幼失明，望君怜恤。"而盲人手里的破盆子空空如也。拜伦想了想，挥笔将这几个字改成"春天来了，我看不见。"结果路人纷纷解囊，不一会儿，这位盲人的小盆子就堆满了人们投来的钱币。

　　一对情侣在逛街的时候，女孩看上了一条裙子，征求男孩的意见。男孩认真地看了看说："这件裙子的颜色真好看，要是你上初中那会儿穿的话，回头率肯定是百分之百。"

有句古话是这么说的："不要只看一个人说了什么，还要看他怎么说的。"一句话换不同的说法就有不同的效果。中国人讲究曲径通幽的含蓄美，和人交流的时候，不要以为内心坦荡就可以不拘言辞了，我们还应当学会委婉、艺术地表达自己的想法。

一位国王梦到自己的牙齿掉了，一觉醒来特别恐慌，便叫来智者为他解梦。

智者说："陛下，请节哀。这个梦预示着您将会失去一位亲人。"

国王大怒："大胆狂徒，胡说八道，拉出去重大一百大板。"

国王又下令找来另一位智者，并向这位智者讲述了自己的梦。

智者想了想说："陛下，恭喜您。这个梦预示着您将会比您的亲人长寿。"

国王听后大喜，命人重赏这位智者。

舌头是天底下最有威力的武器，它可以打动别人，为你破除成功路上的障碍；也可以伤害别人，成为你成功路上的绊脚石。所以，学会一定的说话技巧是人生的必修课。只有认真听、仔细想，反复地推敲，才能掌握委婉说话的技巧。也只有这样，才能高效沟通，达成自己的目的。

作家贾平凹曾说："话有三说，巧说为佳。"无论是在生活中还是在工作中，说实话一定要注意场合、对象和当时的实际情况。如果实话实在不能实说，不妨变通一下，婉转地说，也许会有意想不到的效果。

每个人都有过这样的经历：亲朋好友来家访，话匣子打开之后根本关不上，到最后你已经开始明显摆出随声附和的样子了，他们仍然意犹未尽。这个时候，如果掌握委婉说话之道，就尽可以大放逐客令，让自己免受煎熬。

李浩夫妇新婚不久，因为乔迁新居，邻居加同事王刚夫妇登门造访。四个人吃饭、聊天，相谈甚欢，不知不觉就到十点了。王刚夫妇意兴阑珊，李浩夫妇越聊越困，转眼一个小时过去了，李浩实在撑不住了，对自己的老婆说："时间不早了，你这么拉着客人聊天，客人都不好意思回家了。"李浩虽然没有直接赶王刚夫妇走，但对方因为这句话意识到时间已经很晚了，李浩夫妇要休息了。李浩故意把责任揽到主人这边，既避免了王刚夫妇的尴尬，也表达出了自己想终止聊天的意愿。

舍命陪君子常常会耽误自己的宝贵时间，有时候会打乱很多生活和工作的计划。所以该拒绝的时候不要犹豫，但是要换一种委婉的表达方式，这样即使是下逐客令也不会让人生厌，有时候还会让人觉得有人情味。只要你不委屈自己，同时也在意对方的感受，完善自己的措辞，便能达成所愿，委婉的说话是人际沟通的大智慧。

说话条理清晰，增进彼此的理解和互动

有条理的说话关键在于你是否明白自己重点要向对方传达什么。曾经听到这样一个笑话：

一个男人因罪入狱 10 年，监狱中的日子对他来说每一天都是煎熬，因为无所事事，他每天都对着墙壁自言自语。有一天，他突然发现了一只蚂蚁，有意思的是，蚂蚁居然听得懂他说话。男人每天和蚂

蚁为伴，等到男人出狱的时候，蚂蚁不但学会了倒立，还学会了翻筋斗，男子颇为得意。

男人出狱的第一天，朋友邀请他去酒吧，说是要给他去去晦气，开始迎接新生活。到酒吧后，朋友为他点了一杯酒，他准备向朋友炫耀一下自己的蚂蚁，刚从口袋里掏出来对朋友说："看这只蚂蚁……"酒保一看有只蚂蚁，立马把蚂蚁拍死了，然后抱歉地说："对不起，我马上给您把桌子清理一下。"

这个笑话让我们知道误会的产生往往是表达不清，如果这个男人说："你看我的蚂蚁会跳舞。"酒保听到后的第一反应大概会是好奇，上前一看究竟，而不是把蚂蚁拍死。就像这个笑话所描述的一样，在现实生活中，我们也常常因为表达得不够精准而使对方误会。

柯瑞云到一家新公司上班，在公司结识了一位新同事，两个人住得比较近，经常相约一起去健身，所以渐渐熟络起来。一个周末，这个同事照旧给柯瑞云发信息，邀她一起去健身，但是柯瑞云要陪一个从老家来的发小，所以回复道："不好意思，今天忙没时间，不去健身了。"于是，同事自己健身去了，可是她健身回来打开手机一看，发现自己的朋友圈被柯瑞云刷屏了，她一整天都在逛街，晚上又去了电影院。这位同事一肚子火：玩儿了一整天，跟我说忙没时间？同事觉得柯瑞云这个人说一套做一套，后来渐渐疏远了她，柯瑞云自己都不知道怎么得罪了这位新朋友。

其实同事之所以会产生误会，正是因为柯瑞云表达得不够清楚，如果柯瑞云回复同事："不好意思，今天和人有约了，健身改日再约。"同事也不会因此误会柯瑞云，可见说话的时候一定要表达精准，否则一不小心就会产生不必要的麻烦。

　　大部分人平时说话时都不大留意说话的顺序，其实有时候说话的顺序不同，表达出来的意思就会有所偏差，甚至截然相反。

　　傍晚时分，母亲正在家里做饭，听到电话铃声响起，母亲接起电话，电话里传出一个女人的声音："您好，请问您是张凯的母亲吗？"

　　"我是，请问您是哪位？"母亲答道，心里隐隐有一丝不安。

　　"我是张凯的班主任，今天学校组织春游，在过十字路口的时候……"听到这里，母亲以为孩子出了什么意外，赶紧高声问道："怎么了？我家孩子出什么事了？"电话那头的班主任愣了一下，说："没出什么事，张凯在过十字路口的时候捡到了一个钱包，里面装了一万多元现金，他把钱包还给了失主，我打电话来主要是想邀请您来学校参加周一的升旗仪式，学校要对张凯通报表扬。"

　　这位班主任老师正是因为没有注意说话的顺序，从而引起了不必要的误会。如果换成"您好，我是张凯的班主任。我打电话来是想邀请您来参加学校下周一的升旗仪式，张凯因为拾金不昧得到了学校的嘉奖，希望您能来一起见证孩子的荣誉。事情的经过是这样的……"效果就会完全不同。由此可见，说话时的语序非常重要，只有语序对了，才能条理清晰，让听话者清楚地接收信息。

　　说话怎样才能做到条理清晰、前后有序呢？首先，我们要在说话之前想清楚自己要说什么，如果有必要，可列出提纲，用几个关键字来整理自己要表达的内容，以防遗漏。其次，可以用讲故事的方法叙述事情，即时间、地点、人物、事件发生的原因、经过和结果。大部分时候，只需直接给出结果即可。最后，学会慢半拍，即在我们开口说话之前要三思而后行。思考得越全面，说话的条理性和逻辑性就越强。

有时候我们向人提出问题，总是得到答非所问的答案，尤其是在情况紧急的时候，特别让人焦虑和沮丧。对方回答问题模糊或者不明确，很可能是因为问题问得不够明确和具体。提问的时候做大量铺垫，把核心问题留到最后，势必会分散对方的注意力，使对方抓不住问题的重点。

所以正确的提问是一开始就把问题摆到眼前，先让对方明白你的意图，然后再对问题进行详细的阐述，这样能避免因条理不清而造成的误解。通常情况下，问题问得越具体、越详细，得到满意答案的可能性就越大。

假设我们在一家不熟悉的餐馆点餐，如果我们问服务生："你们的哪些菜好吃？"这就是一个完全没意义的问题，因为服务生一方面不知道你的口味，另一方面无论他回答哪种菜品，都意味着其他菜品"不好吃"。这时我们可以问："请问你们这儿的特色菜是什么？"通常我们会得到比较具体的推荐；假设今天特别想吃海鲜，我们还可以把问题问得再具体些："能不能介绍一下你们这儿的海鲜都有什么做法？"这样我们在不熟悉的餐馆因为点错餐而扫了就餐兴致的风险就大大降低了。

不论是提问者还是答问者，有条理和有逻辑的表述都是高效沟通必须掌握的技能，描述得越条理清晰、主次分明，沟通起来就越省时省力。其实，要做到说话有条理，只需记住这几句顺口溜：未曾开口主意定，删枝去叶主干明。按时、按序、按主次，中心突出条理清。

社交礼仪，高效沟通的另一种语言

礼节是人与人之间在相互交往和沟通的过程中形成的一套约定俗成的规矩。众所周知，不同性格、不同层次、不同职业的人面对同一件事情的时候会存在不同的看法和表达方式。我们在面对形形色色的沟通对象时，能体现出的最好的礼节便是面对什么样的人说什么样的话。不过，不论是什么样的人都是有共性的。

在沟通中，我们对他人说话要客气。客气就是对他人的尊重，这样与他人沟通，更容易达到良好的沟通效果。

古时候，有一位商人从开封去苏州做生意，走到半路的时候，来到一个三岔口，他不知道该如何走。这时，他看见路边有一位老人在放牛，于是赶紧跑过去问路："喂，老头！我想去苏州，该走哪条路啊？大概还有多少路程啊？"老人看见这个年轻的小伙子这样没有礼貌，很生气，就说："走中间这条路，到苏州还有六七丈远。"商人很纳闷地问："老头，你们这儿走路怎么论丈而不论里啊？"老人说："我们这里向来是讲里的，但是对不讲礼的人，是不讲里的。"商人听完老人的话后，才知道老人是在暗指自己没有礼貌，于是红着脸走了。

每个人都有"被尊重"的需求，所以任何时候与人交往和交谈，都要以尊重对方为前提，这既是一种教养，又是有效沟通的需要。不以尊重为前提的沟通，不论最终要达到多么崇高的目标，都会变得一文不值。

美国总统林肯有一个女秘书，平时特别喜欢打扮。然而她工作有点马虎，经常犯错。有一天，林肯对他的女秘书说："今天这件裙子让你看起来真迷人，只是我希望你打印文件的时候能注意一下标点符号，让文件像你一样迷人就再好不过了。"女秘书立刻意识到自己工作的时候太不用心了，被林肯一警醒，下定决心开始对自己严格要求。

在这场沟通中，林肯以尊重对方为前提，没有冒犯对方。试想，如果他以总统的身份呵斥女秘书，那么只能让对方心生畏惧和不满，反而达不到纠正错误的目的。一个人无论职位多高、资历多深，都要坚持平等交涉的原则，给予他人最基本的尊重。即使对方犯了错误，也要尊重其人格，适当的时候给予安抚，这样更有利于双方达成共识。

与他人沟通时，中途总是打断对方说话，这是缺乏涵养的表现；面对一个遭遇挫折的人，对其批评、教训，表现出长者的姿态，势必引起对方的抵触，失了人心。与人交往中甘当配角，以平和的心态处事，耐心听别人说话，比不停地发表自己的观点更重要。只有真正做到尊重对方，才能换来彼此的尊重相待。

在人际交往中，切莫交浅言深。做任何事情都要有所克制，与人交涉尤其要讲求克己的智慧。即便是与熟识的人沟通，也不该说话的时候毫无顾忌，更不该没有底线地嘲讽和戏谑。

一位中学教师到外地出差学习，得知久未谋面的老同学就生活在这个城市，便带上礼物登门造访。

见面后，老同学把客人请进屋。这位老同学刚刚升任处长，正是春风得意的时候，又加上平时就是个直肠子，指着这位老师带来的礼物戏谑道："你怎么落魄到求我办事的地步了？我可是个清正廉明的处长，拒绝歪风邪气。"教师听完老同学的话，没有说话，放下礼物，不顾处长的挽留转身就走了。这位教师不明白，明明是好心前来叙旧，怎么就成了巴结和贿赂了呢？

在这个案例中，老同学见面，处长大概是想用一句玩笑话活跃一下气氛，不成想分寸拿捏得不好，结果弄巧成拙。开玩笑能够拉近双方的距离，但是说一些无聊的玩笑话只能带来负面作用，甚至有人身攻击之嫌。所以，当你准备要用开玩笑的方式活跃气氛时，一定要把握好尺度，这也是社交礼仪的一部分。

心理学家把复杂的人际交往关系的交流空间距离分为四个层次：与父母、恋人、爱人等最亲密的人，应保持 0.15 ~ 0.46 米，这是亲密空间；与一般亲朋好友之间应保持 0.46 ~ 1.2 米，可以促膝长谈，这是个人空间；在一般的社交场合，与他人应该保持 1.2 ~ 3.6 米的距离；在全是陌生人的空间，保持 3.6 米的距离，才是让人有安全感的距离。保持安全的距离也是人际交往中重要的准则和礼仪。

许多公司洽谈业务、面试员工的时候，会在双方之间隔一张桌子，这种距离不仅显得庄重，而且能使谈话双方感到相对自在。

与不同的人相处，要保持相应的空间距离，让双方内心有安全感，这也是对他人的尊重。最恰当的距离是彼此互不伤害，又能保持温暖。在此基础上进行交涉，更容易取得良好的沟通效果。

选好说话的角度，让对方接好盘

在华尔街有一条不成文的规定：想要说服路人投资，一定要在开口前想好自己要说什么，以什么样的方式说，因为简单地递出自己的名片说一句："您好，请问有兴趣投资吗？"根本没有人买账。

许多人发现自己在沟通的时候常常陷入困境，而有的人说话总是很有条理、逻辑清晰，看起来就像提前安排好了一样，临时发言看起来也很有章法。其实，善于沟通的人往往都为沟通做了长期的知识储备和积累。在一些比较重要的会面和谈判中，善于沟通的人往往会对要达成的目标作事先安排，制订沟通计划，这也是他们保持从容不迫的原因。

高效沟通应该是一种有计划的表达方式，简单地说，沟通者在表达自己的想法之前，应该对谈话内容进行精心规划，明确自己要说什么、和谁说、在哪儿说、什么时候说以及怎么说，并遵循这一思路来制订计划，这样才能完善自己的沟通模式，实现高效沟通。

有时候，人们会缺失沟通目标，有时候则是目标不明确，类似的情况在工作生活中非常常见。前一种是主观上知道自己要做什么，但是没有明确告知沟通的目标，使得沟通对象感到疑惑。另一种是主观上不知道自己要做什么，因此沟通一开始，沟通者就陷入了疑惑的状态。无论是哪一种情况，都会影响沟通的效率。

项经理在出差之前，跟张明说："小张，公司准备在元旦前一天召开年会，你写一份报告给我，抓紧时间，别耽误了年会。"说完之后，项经理就匆匆去赶飞机了。

张明一时没反应过来，打开电脑写报告的时候完全不知道从何写起。经理在年会上想重点说什么呢？最近公司的市场开拓计划正在开展，是否要写一份市场调研报告呢？还是写一份有关营销战略的报告？公司准备对市场部进行改革和人事调动，是不是要提一提市场部改革的事情呢？由于项经理没有给出报告的目标方向，致使整个沟通陷入了困境。

目标缺失或者目标不明确是社交中常见的现象，有时候是对方表述不明确，有时候则是由于个人缺乏换位思考的能力。那些善于沟通的人往往会把握更多信息，从对方的言谈举止、所做的事情以及所处的状态中了解对方的想法，以帮助自己更好地明确目标。

如果张明能够跟进经理最近在忙什么项目，或是从秘书那里了解一些经理的工作状况，大概就能推导出项经理希望自己提交一份什么样的年会报告。一般来说，与人沟通前要先思考几个问题：对方想要你做什么事情？这对他有什么好处？他可能会提出什么样的要求？如果没有达成共识，有没有备选方案？沟通者在没搞清楚这些问题之前，先不要急于说话或执行任何指令。

某科技公司推出了一款新型的智能产品，为了扩大这款智能产品的影响力，尤其是让渠道商和客户认识这款智能产品，营销部决定召开一场大型发布会，并在各大网络平台上进行网络直播。营销部希望借机推广公司的产品，同时推广公司的形象和经理的个人品牌。

经理此前从未面对过如此多的客户以及消费者代表，更从未想过要直接面对这么多人的提问，同时还要面对网络直播中的那么多网友，所以为此做了大量的准备工作，并且营销部等部门的同事也提前对他进行了特训，列出大家可能提到的问题进行演练，尤其是那些可能带来冲击的问题。不仅如此，营销部还要求经理对自己的语言、语气、表情和动作等全部进行演练。

最后，大型发布会进行得非常顺畅，不仅让新型智能产品得到了渠道商和客户的认可，而且公司的形象在经理的出色表现下也得到了业界内外的普遍认可。

为了确保自己做好一件事，人们常常希望能够把握好每一个细节，有效应对各种情况和突发事件，完整地将自己的能力展现出来。面对一些重要的谈话时，人们通常会提前选好说话的角度，并将自己要说的话加以反复演练，最终达成最佳的谈话状态。

安东尼·罗宾是成功学大师，也是演说家。他每次演说之前会花费数个小时整理演说稿，并且对稿件进行分析、修改和演练；萧伯纳在上台演说之前，会对着镜子练，看看自己的表情和动作是否到位；卡耐基经常反复朗读自己的演讲稿，直到自己可以脱稿演讲；苏格拉底喜欢对即将到来的辩论进行反复推演，猜测对方可能提出的疑问和驳论点，因而可以有效应对对手的进攻。

通过反复练习和推敲，人们可以更好地控制自己的谈话，明确自己应该说什么以及怎样去说，从而保证沟通的高效性和有效性。那么，如何在沟通前选好自己的说话角度呢？

与人交谈时，最基本的一点就是要做到逻辑清晰、表达流畅，但是在口头表达时，人们常常会词不达意、语句缺失或是存在歧义。要解决这个问题，就要求我们在做沟通准备之前，明确发言的逻辑顺序。

任何谈话做到完美都很难，总有一些不尽如人意的地方，有时甚至会引起他人的不满，直接影响谈话的效果。我们不妨在准备阶段，不论是在纸上，还是在心里，都要多演练几次。每一次演练都是完善的过程，想得越多，犯错的概率就越小。

在准备阶段，尽可能地将毫不相关的内容删除，多次的简化才能提炼出说话的角度和精华。信息简化会使整个谈话简练轻松，这对表达者和倾听者来说都是愉悦的，是提升沟通效果的重要方式。

积极的反馈引导对方的表达

会说是一种能力，会听是一种智慧。在人际交往中，倾听是有效沟通的敲门砖，有的人之所以沟通能力强，原因之一就是善于倾听，不仅能明白对方表达的意思，更能明白对方的言外之意。为此我们必须细心揣摩、察言观色，用心领悟对方说的话。一个优秀的倾听者，才能做到以鼓励的方式给对方以积极的反馈。

沟通是双向互动的过程，一方表达观点，一方给予积极的反馈，如此往复，才能搭建起沟通的平台，而以鼓励的方式给对方积极的反馈，是维持有效沟通、实现高效沟通的途径。

一个代表团到杭州一家知名企业参观访问，刚下车就下起了大雨。原计划要参观的项目只得临时中止，代表团有人抱怨："这天气太扫人兴了，这不是耽误事吗？"

知名企业的接待负责人意识到有人心生怨气，便接过话来说："不是说'有朋自远方来，不亦乐乎'么？你们看，连老天也给各位接风洗尘，简直是天大的面子了。"一句话将坏事说成了好事，让访问团成员感到了他竭尽地主之谊的热情。

会沟通的人懂得考虑对方的感受，时刻关注对方的反应，所以会用心倾听。善于倾听的人，能听懂弦外之音，并能积极寻找实现完美沟通的最佳策略，予以积极反馈，因此说话办事都能令人愉悦。

倾听效果的好坏，直接影响倾听者能否给予对方积极的反馈。而倾听者的情绪，会决定其能否以鼓励的方式给予倾诉者积极的反馈。一般来说，一个人倾听水准的高低，和个人的情绪表达能力、控制能力有很大关系。善于控制情绪的人，在倾听中更能保持专注，保持积极良好的心态。

许多倾听者之所以无法保持专注，甚至常常想站出来同倾诉者理论一番，原因就在于情绪控制能力偏弱。学者们将谈话的状态分为四种：第一种状态是说话者说话比较中听，态度很好，尽管所说的内容没有什么价值，但仍然能给倾听者带来愉悦的谈话感受；第二种状态是说话者措辞激烈，常使用一些侮辱性、攻击性的字眼，加上谈话内容基本上毫无价值，所以容易激起倾听者的愤怒；第三种状态是说话者态度强硬，富有攻击性，但说话的内容有价值，倾听者虽然不舒服，但仍然会坚持听下去；第四种状态是说话者措辞温和，传达的信息也非常有价值，倾听者非常乐于倾听。

这四种沟通状态会给倾听者带来不一样的感受，当倾听者产生负面情绪的时候，谈话随时都有终止的危险。如果想要获得更多有价值的信息，想保持沟通顺畅，就要控制好自己的情绪，以鼓励的方式给对方积极的反馈。

有个脾气很坏的用户因为不满意电话公司的高额收费，经常打电话恐吓电话公司的接线生。公司多次派人去催款，这个用户根本不予理会，直接拒绝支付那些他认为不合理的费用，还扬言要拆掉电话。同时，这个用户还向多家媒体披露电话公司的不合理收费问题，并且多次打电话向公众服务委员会投诉，给电话公司引来了数起民事诉讼。

电话公司终于忍无可忍，准备给这个用户一点颜色瞧瞧，高层开会商量是否有必要对其提出诉讼，一部分高层认为这样做会对公司的业务产生不良影响，有大量流失客户的风险。正在两难之际，一个调解员主动上门调节。他的做法是，每天上门倾听对方抱怨，不跟用户争吵，也不辩解。调解员每天忍受用户长达数小时的辱骂，并且很好地克制了自己的情绪，同时还表示能够理解对方的抱怨。

就这样，调解员一连进行了四次家访，在第四天的时候，用户的态度比起之前三次好了很多。他不仅没有辱骂调解员，还谈到自己创立的"电话用户保障会"组织。这个组织成立的目的原本是和电话公司相抗衡，但调解员加入了这个组织，表示愿意倾听对方的合理诉求。结果当天，这位用户主动缴清了之前几个月欠下的电话费，还撤销了向公众服务委员会提出的申诉。

通常情况下，即便说话的人情绪失控，引起了听者的不适，听者也需要尽量控制自己的情绪，不要过度解读说话人的说话内容。最好的办法是让对方先把话说完，再有针对性地表达自己的观点，予以积极的反馈，正如案例中的调解员所做的那样。

美国《幸福》杂志下属的名人研究会的研究结果表明，良好的人际关系是事业成功的关键因素，而赞美别人是构建良好人际关系最关键的技能。如果一个人懂得如何赞美别人，再加上聪明的头脑和脚踏实地的工作态度，就等于事业成功了一半。在沟通过程中，适时恰当地赞美对方，会将谈话引向更和谐、更有效的方向，也是对谈话者最积极的反馈。

我们经常看到电视上的一些歌唱比赛、辩论赛，在专家点评时，经常用一种无往不胜的妙招：先指出参赛选手的优点，再根据具体的情况指出不足或给出建议。

一个导师这样点评一位参赛歌手："你的音质不错，在舞台上的表演力很强，可以听得出来，你的歌声中倾注了感情。注意控制下低音部分的气息处理会更好。"

不仅是在这些比赛中，在谈判桌前、在工作上或在生活里的一切与人沟通的过程中，善于使用这一"先扬后抑"的方式，都能很好地鼓励谈话者保持继续沟通的信心和耐心。真诚的、发自内心的赞美可以让我们快速赢得对方的好感，化解对方的焦虑和尴尬。总之，用鼓励的方式给予对方以积极的反馈是达到高效沟通的捷径。

提升自我优势，高效沟通的"尚方宝剑"

敢于将最真实的自我展示在他人面前，这是一种自信，更是一种能力。做人要出众，就要有自己独到的见解和独特的个性。在人际交往中，我们要做与众不同的自己，要为自己打造专属于自己的性格，而这个与众不同的个性必须是积极的、有益的。这样我们才能提升自我优势，进而在沟通中获得更多话语权。

良好的形象管理是专业精神的体现

形象是个人价值的体现，不论是在日常生活中，还是在职场中，人们常常以貌取人，这是陌生人之间交往的首轮效应决定的。首轮效应是指，两个刚刚相识的陌生人会在 7～8 秒的时间里对彼此产生第一印象，这种印象 55% 取决于对方的外表，38% 取决于对方的言行举止和面部表情，最后的 7% 取决于沟通。因此，良好的形象管理会使职场人的能力和专业精神得到更好的体现。

好的形象展示给人们的是自信、尊严、力量和能力。一个人的优良素质，会通过穿着、微笑、动作、交谈等途径由内而外地散发出来，形成让人忍不住想与之攀谈的魅力。

1962 年，在英国伦敦一次贵族举办的豪华宴会上，一名中年男人出尽了风头，他优雅的举止、迷人的言谈不但令在场的所有女士都对他倾心，就连所有的男士也对他抱有极大的兴趣和好感。人们私下里纷纷打听，都想认识他，并和他建立友谊。而这位男士在宴会上也收获颇丰，不仅签下了四十多单生意，还结识了自己的终身伴侣。这个男人就是当时英国著名的房地产新秀柯马·伊鲁斯。

柯马·伊鲁斯凭借自己优秀的外在形象征服了整个伦敦上流社会，随后，金钱和好运向他滚滚而来。其实早在十二年前，柯马·伊鲁斯就试图来伦敦闯荡了。那时的柯马·伊鲁斯还是个名不见经传的小人物，经营着一家小水泥厂，整天奔波来去，根本无暇顾及自己的形象。为了扩大生意，他千方百计地弄到了一张商业晚宴的邀请函，可一进入晚宴的大厅，他就意识到了自己的格格不入。

大厅装饰得金碧辉煌，男士们个个西装革履、彬彬有礼，女士们也是华衣锦服、端庄温婉。柯马·伊鲁斯低头看看自己，一身沾满油腻的工作服、大胶鞋、乱糟糟的头发，简直像个乞丐。侍者过来询问他，让他讲明身份，可是没人相信他。当他拉住一个认识他的人让其作证时，那个人竟然耻于承认认识他，还说他是路边的鞋匠。最后，他被侍者强行请了出去。

遭到冷遇之后，柯马·伊鲁斯开始反省自己。不久，他回到家乡报名参加了一个礼仪形象培训班，并高薪聘请了私人形象顾问。此后，他的事业也随着形象的提升而蒸蒸日上。

一个人的人际关系与形象有多大关系，似乎没有人能说得清楚。但是有一点是人们公认的，那就是谁的形象更具魅力，谁就更容易获得广泛而良好的人际关系，其获得成功的机会也越多。良好的形象可以在事业上助你一臂之力，使你的终日劳碌结出丰硕的果实。

伦敦商学院的"风险基金投资"课程曾邀请英国著名的风险基金经理来讲授风险基金是如何选择投资项目的，他在讲到投资者对项目的评估时说："我们实际上是在对个人进行投资。一个一流的人才能把三流的项目做成一流，而一个三流的人能把一个一流的项目做得不入流。"投资人对项目的评估，通常是通过对和项目负责人的短暂接触建立起来的，这时外在形象及高效的沟通能力就是给投资人留下好印象最重要的因素。出色的形象会帮助你在商务交流中少走弯路，避免不必要的挫折。

1991 年，比尔·盖茨在拉斯维加斯发表演讲。演讲并不是比尔·盖茨的长项，为了让自己在演讲中充满信心，使演讲更具影响力和传播力，比尔·盖茨还专门请来了演讲博士杰里·韦斯曼为自己的演讲做指导。经过一番准备后，比尔·盖茨上台了，熟悉比尔·盖茨的人对演讲台上的他感到非常吃惊：比尔·盖茨一改往日懒散随意的形象，穿了一套做工精良的西服，他那尖锐的嗓音虽然没有改变，但是丝毫不影响观众对他整场演讲的喜爱。

这场题为"信息在你的指尖上"的演讲迅速传遍全美，获得了巨大的反响，而比尔·盖茨在演讲中表现出来的魅力也被人津津乐道。

好的形象源自三分外表，七分内在。内在形象是通过言行举止等外在行为表现出来的，如果一个人能把道德品质、精神境界、思想意识和志趣情感等内在的自我，同经过修饰的外在美结合起来，将会在追求成功的路上如虎添翼。

如果你对自己的外在形象不满意，不妨求助于专业的形象设计人员。事实上，大企业家、政治家和艺术家的言行举止和外在形象都是设计出来的。

日本著名企业家松下幸之助在日记中记录了这样一件事：今天，我去理发的时候被理发师嘲笑了一番。理发师对我说："您是公司的代表，却这么不注重自己的仪容仪表。连您都这么邋遢，您公司的产品能好吗？"

松下觉得理发师说的话很有道理，每次都会专门找这位理发师给自己设计发型。松下也开始慢慢地注意自己的形象了。此外，为了保持公司的良好形象，他还制定了关于员工形象的规章制度。

一个人的外在形象不仅代表个人，尤其是一个职场人，在各类社交活动中展现出来的形象很容易使公众联想到其所代表的公司形象和公司的产品质量。

不同职业和地位的人都有适合自己的形象定位，正确的形象表达可以彰显职场人的专业性和权威性，所以塑造出适合自己职业和地位的形象是非常重要的，这也是保障事业和前途顺畅的关键所在。

即使你天生算不上漂亮，你仍然要保持整洁的外貌和的得体的衣饰，通过精心的设计和练习，丑小鸭也会变成白天鹅。提升形象不仅要把外表装饰得很体面，更重要的是要借助外在表现内涵，而内涵的提升需要长期积累。你必须从自身的客观条件出发，尽自己最大的努力充分发挥自己的特质。外在条件永远是你的助手，只有你本身才是你自己形象的真正主人。

保持自我本色，助力高效沟通

人们总是容易在很多场合被形形色色的人搞得晕头转向，同时，人群中总有几个与众不同的人吸引着大家的注意力。

在人际交往中，保持自我本色的人通常能散发出独特的个性魅力，有个性的人往往容易得到更多关注，赢得沟通的主动权。所谓个性，就是拥有专属于不同于他人的特点和特质。想要保持自己的本色和个性，就要先了解自己。

柴田禾子是日本一家保险公司的销售人员，身高153厘米，体重73公斤，这样的身材可能会给大部分女人带来困扰，尤其是职场女人。柴田禾子非常清楚自己的优缺点，如果穿着和大部分同行一样，她不会有更多优势，甚至有可能很难取得客户的认可和信任。所以，她工作时总是喜欢穿一件黑色或蓝色的背心，外面是一件有花纹的外套，头上戴着一顶独特的圆扁帽。后来，她不再戴圆扁帽了，而是改戴大花边装饰的宽沿帽子。等进入和客户预定好的场所后，柴田禾子便将帽子摘下来，以电影明星的姿势走进门。柴田禾子拜访客户的时候，总是会让自己光鲜夺目，然后大声地四处问候，在整个办公区来回穿梭，最后几乎所有的人都知道保险公司有一个叫柴田禾子的销售人员了，柴田禾子的销售业绩也因为被人熟知而激增。

为什么柴田禾子能够成为公司的销售女神？第一是因为她了解自己，她知道自己的外在形象有所不足，所以选择用另一种方式让人们记住自己；第二是因为柴田禾子能充分运用自己的优缺点，将其用独特的衣着装扮和性格特点表现出来。这些与众不同让柴田禾子平添了很多魅力，从而被客户快速地关注和认可。

人无完人，如果抓着自己的缺点耿耿于怀，就很容易被"自卑"的情绪束缚，对生活和工作产生影响，在社交场合更是处于劣势。而一个有魅力的人，总能找到自己的闪光点，淡然面对自身的不完美。

美国《福布斯》杂志这样形容马云的长相：深凹的颧骨，扭曲的头发，淘气的露齿笑如顽童模样。马云曾自嘲："是啊，马云其貌不扬，一路走得磕磕碰碰。他和你们没什么不同，甚至比你们还屌丝。但他把握住了机遇，努力奋斗，现在终于成功了。"

2006年，马云应邀出席哈佛AUSCR中美学生领袖峰会，会上有同学提问马云："马云先生，您曾经在接受 CCTV 的采访时说'男人的长相和智慧成反比'，那请问当今 IT 界除了李开复先生，还有谁长得好看吗？"当时 Google 全球副总裁、中国区总裁李开复与马云一同应邀出席峰会，李开复就坐在马云的旁边。

马云举起话筒答道："我当时说男人的长相往往和智慧成反比，如果上帝给了人不好的相貌，这个人就会刻意培养自己更具魅力、更加聪明。李开复先生长得确实很帅，不过我确实要说 IT 界丑陋的人要比长得好看的人要多。"他接着说道："每个成功人士都有不一样的成长背景、学术水平，比如我非常欣赏李先生的严谨治学和温文尔雅，如果以他为标准，我恐怕连一百分里的十分都拿不到；如果拿我的标准来衡量他的话，恐怕他也就十分了。"

人与人之间有趣而平等的对话，会使谈话变得更加生动和记忆深刻，马云就是这么做的。而"交人贵在交心"，不刻意掩饰自己的个性，将自己的想法和信息表达出来，有助于对方理解自己。要记住，展现自己最真实的面貌，减少与他人的疏离感，方能吸引和打动人心，获得他人的信赖和认可。

奥普拉·温弗瑞是当今世界上最具影响力的女性之一，她主持的电视谈话节目"奥普拉脱口秀"，平均每周会吸引 3300 万名观众，并连续 16 年位居同类节目的收视率之首。奥普拉能在美国传媒界创造神话，成为世界上一流谈话节目的主持人，其中一个重要因素就是她善于将自己的弱势转化为智能资本。

这个出身寒微的黑人女性凭借无比的自信和意志征服了民心。除此之外，奥普拉身上独有的个人魅力也强烈吸引着观众。在镜头面前，奥普拉公开承认自己 14 岁时未婚生子，婴儿出生两周后就夭折了。她还毫不避讳地承认自己曾经有吸食可卡因的经历，甚至在杂志采访中透露自己在 9 岁时遭遇强奸的经历。

奥普拉在千万公众面前勇于揭开自己的伤疤，而公众并没有因此厌恶她，反而被奥普拉强大的内心力量所吸引。

我们都羡慕那些能用独特的、个人的、富于幻想的方式毫无畏惧地表达自己的人。正如世界上没有两片相同的树叶一样，世界上也没有相同的两个人，每个人都应该树立这样的观念：我应该寻求自己独特的个性，那是区别我之所以是我的东西，我要创造我的独特价值。环境会企图改造每一个人，而人又习惯于随波逐流，但独特的人会坚持自我，不会让独属于自己的魅力消失。

当今社会，人们每天都会面对无数诱惑和挑战，能坚持自我的人显得尤为可贵。一个有个性的人通常能坚持自己的原则和立场，因为有了原则和立场作为支撑，那些坚持到底的人才能在职场人中脱颖而出，成为行业内的意见领袖和领头羊。

稳定的情绪是解决一切问题的良药

积极的情绪有助于营造和睦相处的氛围，这种氛围有助于人们放下心理包袱，提高谈话的兴致，甚至放下芥蒂，畅所欲言。心理学家研究表明，在第一印象形成的过程中，交谈者的情绪状态会直接影响谈话的时效。

美国洛杉矶大学医学院的心理学家加利·斯梅尔做了一个实

验，他将一个乐观开朗的人和一个整天郁闷难解的人安排在一个空间内接触，不到半个小时，乐观开朗的人就出现了郁郁寡欢的神态。在加利·斯梅尔做的一系列实验中，有的人只要用 20 分钟就能被他人的低落情绪传染。一个人越敏感，同理心越强，越容易被传染上坏情绪，这种传染过程是在不知不觉中完成的。

好的情绪会给人带来积极的影响，坏的情绪带给人消极的影响。事实上，情绪会通过人的姿态、表情、语言进行传递，在不知不觉中感染他人，这就是心理学上的情绪效应。既然我们了解了情绪效应，也就可以时常提醒自己，不要被别人的坏情绪左右，把自己的情绪掌握在自己手中。

王帅每天都会在午休时间到公司楼下报亭买份报纸，边看报边吃饭，这个习惯已经坚持了五年了。每次买报的时候，王帅会跟报摊主说"您好"，拿到报纸后说"谢谢"，报摊主从未有过积极的回应，默不作声是他的常态，偶尔回应的时候也只是"嗯"一声。

有一天，相约一块吃饭的同事看到了王帅买报纸的全过程，觉得十分诧异，便问王帅："这个老头的脾气看起来不大好，你是怎么做到日复一日地跟这儿买报纸的？"

王帅说："这附近就这一个报亭，再说，我早习惯了。"

"你说话也太客气了点。"同事依然觉得愤愤不平。

王帅却说："我为什么要让他的情绪来决定我的行为呢？"

一个真正懂得控制情绪的人不会让别人左右自己的生活，更不会用别人的错误来惩罚自己。如果每天面对形形色色的人而不懂得如何控制自己的坏情绪，很容易给自己的人际关系带来困扰，当然也会对工作和生活造成很大的负面影响。

1965 年 9 月 7 日。在美国纽约举行的世界台球冠军争夺赛中，刘易斯·福克斯以绝对优势将其他选手甩到身后，顺利进入了决赛。在决赛的几场比赛中，刘易斯发挥稳定，冠军几乎已经唾手可得了。

在比赛的最后一场，一只苍蝇落在了主球上，刘易斯挥手将苍蝇赶走。当他再次俯身准备击球的时候，苍蝇又一次落到了主球上，在观众的笑声中，他再次驱赶苍蝇。

随着苍蝇一次次落在主球上，刘易斯·福克斯的情绪发生了变化，他的情绪开始变坏。更让他觉得生气的是，苍蝇仿佛是有意要与他作对，只要他一回到球台准备击球，苍蝇就马上重新落到主球上。终于，刘易斯·福克斯的情绪恶劣到了极点，他失去了理智，难以抑制的愤怒使得他突然拿球杆去击打苍蝇。结果球杆触动了主球，裁判判刘易斯击球，他因此失去了一轮机会。经过这一番折腾，刘易斯·福克斯方寸大乱，在接下来的比赛中连连失利，他的对手约翰·迪瑞却越战越勇。最终赢得冠军。

次日凌晨，人们在河中发现了刘易斯·福克斯的尸体，愤怒的刘易斯选择用投河的方式结束这场比赛带来的屈辱。

因为坏情绪，刘易斯·福克斯失去了夺冠的机会，更因为坏情绪，他失去了宝贵的生命。一次失去理智的行为造成如此得不偿失的后果，让人深感惋惜。如果当时刘易斯·福克斯能稍微控制一下自己的情绪，而不是任由坏情绪操控，这种悲剧可能就不会发生了。事实上，坏情绪对人们的负面影响常常会超出我们的想象，所以不要对自己的坏情绪听之任之，要主动控制和调节坏情绪。

在与人交谈时，将自己要表达的信息及时准确地传达给对方和同时，还要将自己积极的情绪状态传递给对方，这样才更利于达成交谈的目标。

一位年轻人在年迈的上校家做钟点工，每天除了清洁，还有半个小时的陪读工作。一天，年轻人把花瓶摆放错了位置，上校因此暴怒，指着年轻人的鼻子大骂蠢货。年轻人一言未发，他同情上校，觉得他除了骂人的舌头，已别无利器。

上校好容易从愤怒中平息下来，勒令年轻人读书给他听。年轻人翻开书，找到一个章节，读了起来："南洋所罗门岛上一些土著，每当树木长得过大，连斧头都砍不了时，他们就会对着树木集体叫喊，直到树木倒下为止。喊叫扼杀了树木的生命，比任何刀棍、石头都还具有杀伤力；正如那些尖酸、刻薄、粗鲁的语言，往往会刺伤人的内心。"

读完故事后，年轻人把咖啡端到上校的面前，正准备为上校加糖时，上校抬起头来，脸上露出难得的笑容说："不用加糖了，刚才的故事已经为我加过糖了。"

年轻人用自己积极的心态打动了上校，当积极情绪和负面情绪直接对抗的时候，负面情绪通常会占据上风，但是只要我们坚持用积极的心态和情绪面对人生，负面情绪终究会得到遏制，甚至是改善。

浮躁几乎是职场人每天要对抗的负面情绪之一，终日处在一种又忙又烦的应急状态中，导致内心很难平静下来，脾气变得越来越暴躁，神经越来越紧绷，于是抱怨不断，最后往往会导致自己被生活的激流所裹挟。有句俗语是这么说的："劝君做事要专心，心安勿躁好成事。"不烦不躁，从容生活，是人生的最高境界。任何困难都只是生活的一部分，当我们认识到这一点，才能将困难这颗阻挡幸福的绊脚石踢开。尝试拭去自己内心的浮躁，保持平静的内心，我们会发现与人沟通时逻辑越来越清晰，做事时越来越得心应手，工作起来也会干劲十足，生活都变得幸福和自由起来。

不要让沟通败给羞怯感和自卑感

一般而言，羞怯的人极容易不自信。从心理层面上来讲，羞怯者时刻都在担心自己出错或者表现不得体，神经处于高度紧张的状态，他们在公共场合会感到分外不自在，即使私下里与人接触，也担心别人看穿自己的怯弱和紧张，然而他们越是想给人留下好印象，结果越适得其反。

缺乏自信的人们在过于紧张的时候会面红耳赤、呼吸急促、讲话断断续续、缺乏条理性，通常会给他人极度害羞和不善交际的印象。他们十分清楚自己与人沟通时的表现差强人意，却没有办法改变，只能在事后为自己的羞怯和不善表达感到羞耻，长此以往，就会变得越来越没自信。

电影《亚当》中的男主角存在严重的自卑情结。亚当是个非常害羞的青年，他唯一的爱好就是研究天文学，和他人交谈的话题也都是围绕着宇宙大爆炸和银河系展开的。一旦发现别人露出稍显不耐烦的神情，他会立即收住话匣，使谈话瞬间变得尴尬，亚当也会再次陷于紧张不安和语无伦次中。

亚当是一名社交恐惧症患者，心理学家认为，社交恐惧都是因为自卑引起的。从表面上看，恐惧社交的人好像对与外界沟通这件事情极力排斥，但这种表象的实质是他们对自己的排斥。亚当对与外界沟通所表现出来的无所适从，实际上是因为他无法接纳自己，在潜意识里不断排斥自己造成的。改变惧怕与人沟通、与外界接触的现状，要从积极悦纳自我、树立自信心开始。

张威是个腼腆的人，因为不善与人交往，所以没有一个公司肯接纳他。无奈之下，他只好和家人在市场开了个蔬果店。

转眼 5 年时间过去了，张威的朋友、同学很多都在各自的领域闯出一番天地，有的甚至开了自己的公司。每次遇到这些同学，张威总感觉矮人三分，偶尔有同学到他的蔬果店买东西，张威也是死活不收钱，使得那些同学也不敢到他的店里买蔬果了。

转折发生在一次饭局上，张威去朋友组织的宴席上，与几个陌生人同坐一席。其间，自卑的他未发一言。一个叫高仓的貌不惊人的矮个子站起来跟张威喝酒，他说："能坐到一个桌子上同碗吃饭、同盘夹菜、同盅喝酒是缘分，我先干为敬。"

张威平时很少喝酒，便有些推辞，喝完酒的高仓见张威没有要端酒杯的意思，接着说："如果我没记错的话，咱们这是第一次在一起吃饭，之前咱们互不认识，我不知道你的身份，你可能是个老板，可能是个职场精英，不过这些都不重要。重要的是，你不曾给过我提拔，我也未曾给过你帮助；你没和我有过半毛钱的借贷关系，我也没给过你一分钱的资助。我们都过得还不错。"张威听得一头雾水。

高仓接着说："也许吃完这顿饭我们再无缘见面。但我相信，今后的日子会越来越好。喝了这杯就是你给我面子，不喝这杯酒是你给你自尊。我不会勉强你，也不能强求你，更不能难为你，因为我们的人生都一样，是公平地站着的人生。"高仓的话使张威的内心泛起一层波澜。张威红着脸，端起酒杯说："谢谢你。"然后将杯中的酒一饮而尽。

张威从此像变了一个人，不再怯弱和自卑。他开始试着和同学、朋友交往，并用自己积累的人脉扩大自家蔬果店的规模，还涉足大棚种菜。几年后，他开了属于自己的蔬果供应公司，自己做了老板。

人与人之间是平等的，我们所在意的差距完全是自卑的个性滋生出来的产物。只要积极探索和发挥自我的潜能和特长，积极地悦纳自我，便能克服这种心理落差带来的自卑感和恐惧感。

杰瑞毕业于美国加州一所普通的高校。在一次面试中，面对满满一屋来自名牌院校和硕士博士头衔的竞争者，他有些担忧。

在面试官面前，尽管杰瑞尽力表现得自信和专业，但面试官还是认为他的资历不足以胜任这份工作。杰瑞被面试官委婉拒绝的时候，脸上露出了失望和尴尬的神情。可是，他很快地调整了自己，起身问面试官："请问您能够给我一张您的名片吗？"

面试官一脸茫然，同时保持着戒心。

杰瑞解释说："虽然很遗憾，我没办法成为贵公司的一员，但我们可以在私下成为朋友啊。如果哪天，您打网球找不到搭档，可以直接约我，我对打网球和各种运动都有了解。"

面试官确实是一名网球爱好者，瞬间被杰瑞的话吸引，把自己的名片递给了杰瑞。

后来，面试官主动打电话给杰瑞，约他打网球，两个人就这样慢慢成了志趣相投的朋友，杰瑞也在面试官的指导下找到了一份心仪的工作。

杰瑞的故事让我们看到，自信在与人沟通中起着无比重要的作用。自信的人总会抓住一切成功的可能性，想办法使得自己的目标达成。

卡耐基说："世界上多数人并非败在了能力上，而是败给了自信。"不自信的人内心是怯懦的。有些人羞于表现自己，即便能力得到了肯定，也不愿意冒险去打破常规，让自己走得更高更远。对于风险和机会，他们持保守的态度；对于职场竞争，他们难以适应，有时甚至宁可把升职、加薪的机会让给别人。常被不自信奴役的人之所以难成大器，是因为他们在任何尝试之前，已经在心里预言了自己的失败，他们无论如何也不肯相信自己具有成功的潜质，而一再地为可能遭遇的失败做最坏的准备。如果失败如期而至，他们会更加肯定自己判断的正确性，殊不知失败是他们自己一手促成的。

自信愈用愈多，除非你自己心甘情愿，没有人能够破坏你的自信心。相信自己能够自信地说出自己的想法，自信地发表自己的意见，勇敢地据理力争，不断地告诉自己：你能做到，你一定能做到。

微笑是最能俘获人心的武器

在经济学家眼里，微笑是一笔巨大的财富；在心理学家眼里，微笑是最能说服人的武器；在服务行业，微笑是服务人员最正宗的脸谱。面对陌生人，有时我们甚至什么都不用说，只要对视微笑，就能在瞬间缩短彼此之间的距离。

希尔顿大酒店的创始人康德拉·尼古逊·希尔顿出生于一个小皮货商贩之家。1919年，他接过父亲给的2000美元，连同自己挣来的3000美元，开始了旅馆经营的生涯。当他的资产从5000美元增加到5100万美元的时候，希尔顿跑去和母亲分享这个让人激动的喜悦。母亲只是淡然地说："事实上你必须把握比5100元更值钱的东西，除了对顾客诚实之外，还要想办法使每一个住进希尔顿的人住过一次还想再来住。你要想出这样一种简易、不增加成本且行之有效的办法吸引更多的顾客，这样旅馆的生意才有前途。"

母亲的话使希尔顿陷入迷惘，究竟如何才能做到"简易、不增加成本、行之有效"而吸引顾客呢？为此，希尔顿绞尽脑汁，并去逛商场、串旅馆，把自己当作普通旅客和顾客去亲自体验感受。不知走了多少商店和旅馆。

希尔顿历时半年，走过了总数以千计的旅馆和商场，终于悟得"简易、不增加成本、行之有效"的维生之道。不久，希尔顿推行了"微笑服务"的经营策略。

希尔顿要求每个希尔顿员工无论多辛苦，都要对顾客投以微笑；不管客户态度如何，都要以和气相待。即使在旅馆业受到经济萧条的严重影响时，他也时常提醒员工："千万不可把心里的愁云摆到脸上，旅馆所遭受的困难总会过去，希尔顿工作人员脸上的微笑永远是顾客的阳光。"

一个人的面部表情比穿着更重要，笑容能照亮所有人，像穿过乌云的太阳，给人以温暖。

卡耐基曾要求报名参加课程学习的商人花一个星期的时间，每天对每一个接触的人报以微笑。其中一位名叫威廉·斯坦哈的纽约股票经纪人给卡耐基写信，谈论自己的微笑实验的成果。

威廉·斯坦哈在信中写道："我已经结婚18年了。我很少对我太太微笑，甚至很少和我的太太说话，我是百老汇最不快乐的人。既然你要求我微笑一周，看看会发生什么变化，我决定试试。第一天我边梳头边对着镜子中的自己说：'威廉，你今天要把脸上的愁容一扫而光。你要微笑起来，你现在就要开始微笑。'当我坐在餐桌前吃早餐的时候，我跟我的太太微笑地说'早安，亲爱的'。我的太太惊愕不已，我对她说，你从此以后可以把我这种态度看成惯常的事情，而我已经坚持每天用微笑跟太太问候早安两个月了。这两个月中，我和家人感受到的幸福比去年一年还多。"

"我现在每天上班的时候，也会对办公楼的电梯管理员微笑着说早安。我微笑着跟警卫人员打招呼。当我跟地铁的出纳姐姐换零钱的时候，我对她微笑。当我在证券交易所时，我熙熙攘攘的陌生人微笑。"

"我很快就发现，每个我施以微笑的人都会还我以微笑。我甚至用一种愉悦的态度来对待那些满腹牢骚的人。我一边听他们牢骚，一边面带微笑，问题比之前更容易解决了。我发现微笑带给我很多收入，每天都带来更多的钞票。"

"我也改掉了批评他人的习惯。我现在只赏识和赞美他人，而不蔑视他人。我已经停止谈论我所想要得到的，试着从别人的立场来看待问题。这一切，改变了我的人生。我变成一个完全不同的人，一个更快乐的人，一个更富有的人，在友谊和幸福方面很富有，这些才是真正重要的事情。"

　　按照哈佛大学威廉·詹姆斯教授的说法，行动总是跟在感觉的后面，但实际上，行动和感觉是并肩而行的。因此，如果我们不愉快，要变得愉快的主动方式就是愉快地微笑，随之言行都好像已经愉快了起来。在工作中，微笑能拉近职场合作伙伴的距离，也能调节紧张的工作氛围。微笑不仅是伸出友好之手的橄榄枝，也是个人涵养的外在体现。

　　不把同事当成朋友是很多职场人士的信条，然而不把同事当敌人却是职场中很多人所忽略的。身在职场，你不能对你的同事怒目圆睁，在职场上最得体的表情便是微笑。尤其是刚踏上工作岗位的毕业生一定要学会微笑。在职场上，常常微笑的人与他人沟通会更顺畅，更容易建立起良好的人际关系和顺利地开展工作。

　　关颖刚入职新公司的一段时间，很多同事对她充满好奇。大家都私下议论说："新来的叫关颖的小姑娘看着年纪轻轻的，每天笑呵呵的，像个无忧无虑的孩子。"关颖并不是真正地无忧无虑，她也是费尽辛苦才面试到这家公司，不论是在找工作还是在生活中，都吃过很多常人难以忍受的苦。

　　大学毕业前，关颖一直在肯德基打工，肯德基要求工作人员提供"微笑服务"。管理人员强调：顾客态度好，要微笑；顾客无理取闹，要微笑并耐心解释。这个规定对当时还处于年少轻狂阶段的关颖是个耐心和毅力的双重挑战。关颖和很多同龄兼职的学生一样，一开始觉得不适应，有时候会觉得很委屈自己。时间久了，关颖发现，如果在与客人交谈时保持微笑，一般也会被客人回以微笑，微笑是非常实用的沟通方式。正是因为这段经历，让关颖体会到了微笑的益处，并把微笑带到了她现在所就职的公司。

关颖不再是一线的服务人员了，每天在自己的方寸之地内用电脑完成工作。即便如此，每当有人跟关颖说话时，她总是下意识的嘴角上扬，小虎牙微露，让对方还未说话便已然心情开朗。久而久之，同事们都喜欢这个每天带笑的姑娘。

职场中的微笑，有时候和心情好坏没有关系，更多的是表达对交谈者或者对自身职业的尊重。这就是职场人尽管心里不同意对方的提案，脸上仍然保持微笑的原因。

工作场合的微笑不仅是一种真情流露，有时候更是一种职业表情。如果可以，排除一切负面情绪，排除不了就把负面情绪藏起来，然后面带微笑迎接新一天的工作。即使是和朋友闹矛盾了，和家人关系紧张了，或者遇到了破财生病的祸事，也要尽可能不把沮丧的心情挂在脸上。时间久了，你会发现每天面带微笑会给你带来很多意外的收获。

语言的张力使沟通更有趣

随着信息技术和互联网技术的发展，人们接触到的信息量越来越大，但人与人之间的交流越来越薄弱。人们所释放或者接受的任何信息都可能淹没在如洪水一般的信息流当中。在这种情况下，使语言变得生动而有趣才能快速吸引他人的注意力，达成高效沟通的目的。

有一位薛先生，人称"薛大本事"。其实他的身份并不显赫，社会地位也不高，平时就是倒腾服装，做点儿小生意。可是他的圈子很广，影响力一流，三教九流都玩得转，有什么事儿只要找到他，基本上都能搞定。

有一次，"薛大本事"和一个富商朋友出去吃饭，朋友喝高了，酒后吐真言，感慨地说："我活着最大的乐趣就是和哥哥你喝酒聊天，听你讲段子。我看见你就特放松。你别看我平时风风光光的，那都是假的，活得很累，只有和你在一起喝酒的时候，我才觉得自在快活。"

无论任何场合，只要有"薛大本事"在，绝对不会冷场，大家都很喜欢他。有一次，"薛大本事"出差，在机场大厅候机的时候，他和邻座带着孩子的男士攀谈起来。孩子调皮好动，男士无奈地笑笑。这时，大厅中提示登机的广播响起。"薛大本事"站起来，拍拍男士的肩膀，同情地说："保重，老兄。"接着"薛大本事"说："地球上没有比七八岁的小男孩更可怕的生物了，他们有好奇心、行动力、破坏力和《未成年人保护法》。"

男士听完哈哈大笑，和"薛大本事"交换了名片。回到家后，他每每为儿子的调皮伤脑筋，就会想起"薛大本事"的话。于是便主动拨通"薛大本事"的电话，与之攀谈。一来二往，男士成了"薛大本事"的商业合作伙伴。

像"薛大本事"这样有趣的人，根本不用费尽心思主动搭讪，就能够把陌生人吸引到身边，这种变被动为主动的本事就是靠有张力的语言获得的。

若是想让自己说的话生动有趣，可以进行一些训练：第一，广读博学，长期积累，为表达积累纬度；第二，多收集信息，多思考，为表达积累素材；第三，多练习，把有趣的段子、素材烂熟于心；第四，乐观豁达，保持自信。

在职场中的有些场合，平铺直叙地叙述事实往往引不起别人的注意，还会耽误项目的进度。碰到这种情况，我们要是能把事实以充满戏剧张力的方式表达出来，便能引起重视，高效地解决问题。

《美国周刊》广告部刚刚为一个品牌的面霜做完数据繁杂的市场调查，詹姆斯·波恩顿被要求必须马上交出这个面霜的市场报告。如果推迟市场报告的上交时间，广告费也会随之锐减，这是一笔不小的费用。况且这家品牌是客户中资财最雄厚的，当然也是最难对付的。

詹姆斯第一次同品牌负责人讨论市场调查报告就以失败告终。"我第一次走进他的办公室时，"詹姆斯承认，"发现竟然跟对方讨论起一些丝毫不重要的调查方法。他和我大声吵了起来，我也大叫。他告诉我说我错了，而我则像证明自己是对的。"

"最终我获胜了，我对自己大为满意，但我们的时间都用完了，面谈时间已过，我们尚未谈出结果。"詹姆斯接着回忆道。

"第二次，我不再费力地把这些资料和数字制成图表。我直接去见他，把和他们公司品牌竞争最激烈的 39 瓶面霜全部倒在他的办公桌上。每个瓶子上我都贴了小纸条，分门别类地指出该品牌的市场调查结果。"

詹姆斯接着说："结果呢？我们不再有争执。他先拿起一瓶面霜，然后再拿起另一瓶，仔细阅读纸条上的资料。我们心平气和地聊产品，他还问了许多产品以外的问题，像是对我们的市场调查产生了浓厚的兴趣。其实，我这次和第一次所说的完全是一码事，我想这种充满戏剧张力的沟通方式更能吸引这个人好好听我说话。"

充满戏剧张力的表达方式只适用于特定的或者紧急的场合，就像幽默一样，如果不确定自己是否能把握好分寸，还是不要轻易尝试。

在职场上，人们往往需要展示出强大的语言魅力和高超的表达技巧，让别人相信"我很好，请相信我。"会讲故事是一项非常重要的沟通技能，心理学家甚至认为讲故事是一种催眠。心理学家约翰·伯顿在他的《催眠语言》中这样写道："所有的沟通交流都是邀请对方进入一种催眠的恍惚状态。"讲故事的人可以有效组织更有说服力的语言使故事更具吸引力和推动力，当然也可以运用出色的技巧将听故事的人带进特定的心理状态，引导对方相信整个故事的内容，甚至讲故事的人都是值得信赖的。

讲故事其实是一种情感催眠，它迎合了人们对情感寄托的需求，也迎合了人们情感释放的需求。比如商家在推广自己的产品时，可能无论怎样描述自己的产品信息，消费者也无动于衷，但是如果商家能讲述一个明星购买产品的故事，可能就会吸引消费者的注意。

因此沟通者完全可以掌握和提升讲故事的技巧，突出故事的真实性，在故事中凸显谈话内容的价值，或产品价值，或自身的价值，并以此来影响对方的判断，激发对方的感性认识。总而言之，提升讲故事的穿透力和说服力也可以提升语言的张力，可以提升沟通的高效性。

适度自我暴露拉近彼此距离

心理学上对自我暴露的解释是：有意识地将私人性的、可靠的重要信息展示给他人，以此拉近谈话双方的距离。交往双方常常通过暴露自我的方式增加彼此间的接纳度和信任感。

社会心理学家奥尔特曼和泰勒发现：良好的人际关系是在自我暴露逐渐增加的过程中发展起来的。自我暴露不仅能拉近双方的心理距离，还会增加彼此的喜欢程度。

纽约的亚瑟·阿伦夫妇结合心理学中的自我暴露原理设计了一个实验：他们将互不相识的测试者两两一组安排在一起，共同相处45分钟。在最初的 15 分钟内，双方交谈的内容限于一些不带感情、低亲密度的话题，诸如"是否喜欢吃甜食"。在接下来的 15 分钟里，话题会深入一些，变得较为亲密、隐私，比如，"最近一次崩溃大哭是在什么时候？为什么会崩溃？"在最后的 15 分钟里，亚瑟·阿伦夫妇会引导测试者向彼此谈论一些不愿与人说的秘密。

实验结果显示，那些在实验期间经历了自我暴露逐渐升级的测试者，感觉自己与交谈伙伴更为亲密。事实上，研究统计发现，有30% 的学生认为，有些谈话伙伴比自己在生活中最亲密的朋友还要亲密。

随着信任程度和接纳程度的提高，交往双方会越来越多地暴露自己，同时希望对方也能越来越多的暴露自己，这就是自我暴露的

"贴近效应"。

想要赢得真正的知心好友，就不要对自己的私事讳莫如深。可能因为吐露自己的一个小秘密走进对方的心，而赢得一生的友谊。任何人在情方面总有相通之处，如果愿意向对方适度坦白，就会发现彼此间的共同之处，从而建立起某种感情联系，甚至能够赢得信任和支持。

亨利·霍金士是美国一家食品公司的董事长，一次他从化验报告上发现，他们的食品配方中的一种添加剂有毒，如果长期食用，对身体是有害的。于是这位董事长陷入了矛盾当中，如果悄悄从配方中删除添加剂，会影响产品的保质期；如果要将这一发现公之于众，同行们肯定会借此机会反击自己，苦苦经营了几十年的企业很可能倒闭。

经过激烈的思想斗争，他毅然向社会郑重宣布防腐剂对身体有害。预料的情况果然来了，几乎所有的同行都联合起来抵制他的产品，亨利公司几乎到了倒闭边缘，然而出人意料的是，他的名声却迅速家喻户晓，他的产品也成了人们放心购买的热门货，因为所有消费者都认为一个能不惜冒着倒闭的危险将真相告知消费者的企业，还有什么让人不放心的呢？不久，亨利公司不但恢复了元气，而且扩大了规模，一举坐上了美国食品加工业的头把交椅。

这就是自我暴露的效果，每个人内心深处都存在着对情感的需要与渴望，因此在分享私事和情感方面结成的好友，永远要比因为暂时利益结成的关系更加牢固。这就是为什么很多人脉非常广的人，内心却非常寂寞，对真正的友情如此渴望。心理学家也认为，一个人至少应该向一个重视的人吐露内心的秘密，这样在心理上才是健康的。

但自我暴露也并非越多越好，否则就会陷入浅薄的境地，对于比较亲密的友人不妨多暴露一些，对于不太了解的人则可以讲一些并不是什么秘密的私事，这样也可以增加人们之间的亲近感，获得理解和支持。

一般而言，自我暴露的程度划分为四个层次：第一层是兴趣爱好方面，诸如饮食习惯、个人偏好之类；第二层是态度方面，诸如对他人的评价，对当下时势的观点看法之类；第三层是自我概念及其人际关系状况方面，诸如个人情绪、家庭矛盾之类；第四层是个人隐私方面，诸如性经验之类不便与人言说的话题。

那么，在职场上，在与同事的交往和聊天中，自我暴露到什么程度合适呢？人最喜欢和自己自我暴露程度相当的人交往。因此，应该根据对方的暴露程度、对方的接纳程度和彼此之间的关系多方面把控自我暴露的分寸。一般来说，普通同事之间自我暴露到第一层就可以了；比较谈得来的同事可以到第二层；只有特别交心或者共同经历成败的同事才能彼此暴露到第三层甚至第四层。一个人若能恰到好处地自我暴露，便能拥有和谐的人际关系。但是要注意自我暴露必须适度，否则会令对方尴尬，不知道该用什么样的自我暴露来交换，甚至产生回避或排斥。

俗话说：山与山之间的距离是云，人与人之间的距离是心。要想和同事保持良好的人际关系，走心的交流有时候是必不可少的。但是，办公室毕竟是工作场合，不管是自我暴露还是同事间的闲聊，有一些雷池最好不要轻易迈过。

1. 不要在背后非议上级和其他同事；

2. 谈话要避开薪酬、婚恋之类的隐私；

3. 别拿过去的公司和现在的公司相比；

4. 不要推卸自己的责任，或者指责同事的工作失误；

5. 不要显示自己的优越，张扬自己的野心；

6. 不要把聊天变成争执。

敢于自我暴露的人通常都很自信，一个人乐意倾诉自己的事情，也预示着建立信任关系迈出了第一步。在自我暴露的过程中要把握好尺度，分清场合和对象，暴露过多或过少都会直接影响沟通的结果。

优化性格，在职场万变中求突破

1940年，心理学家维克勒斯在亚历山大"非智力因素"这一概念的启发下，提出了"一般智力中的非智力因素"的问题。维克勒斯经过多年的研究和探索，对非智力因素进行了概括：无论简单还是复杂，只要有智力参与，非智力因素必然起到重要作用；在智力行为过程中，非智力因素是不可或缺的组成部分；非智力因素无法取代智力因素行使各项基本能力，非智力因素会对智力起到制约作用。

随着研究的深入，心理学家把非智力因素分为广义和狭义两方面。广义的非智力因素主要有心理因素、环境因素、道德品质等；狭义的非智力因素主要有性格、情绪、意志等。

性格在非智力因素中占据举足轻重的地位，也直接影响一个人的自我认知能力、意志力、抗挫能力、情绪把控能力和人际交往能力等。

1960 年，著名心理学家瓦特·米歇尔做了一个实验，命名为"软糖实验"。他在一所幼儿园里把一群 4 岁的小孩召集到一个大厅里，在每个小孩面前放一块软糖，并对孩子们说："你们可以选择马上吃掉面前的糖，也可以选择坚持不吃掉面前的糖，20 分钟后会得到两块糖。"对 4 岁的孩子来说，这是两难的选择，所有的孩子都想马上吃掉面前的糖，却更想得到两块糖。

实验结果是：2/3 的孩子选择等 20 分钟拥有更多的糖。当然，对孩子们来说，这是个挑战，他们很难控制自己想把糖吃掉的欲望。为了不受糖的诱惑，有的孩子把眼睛闭起来，有的孩子双手抱头不看糖，有的则用唱歌、跳舞等方式转移注意力，还有的孩子干脆躺下来睡觉。另外 1/3 的孩子选择马上把糖吃掉，瓦特·米歇尔一离开，他们就把糖塞到了自己的嘴里。

经过 12 年的追踪，瓦特·米歇尔发现，那些熬过 20 分钟的孩子多有较强的自制能力，他们肯定自我、信心饱满、性格坚强，乐于接受挑战且处理问题的能力强；而那些没有熬过 20 分钟的孩子则多表现为犹豫不决、多疑、妒忌、好惹是非、自尊心薄弱且经受不住挫折。后来又经过几十年的跟踪观察，发现那些有耐心等待吃两块糖的孩子在事业上比那些不愿意等待的孩子更成功。

这个"软糖实验"很好地说明了一个人成就的大小跟性格的优劣息息相关，这也是很多人相信"性格决定命运"这种说法的原因。

孙倩性格活泼，和人交谈起来很有亲和力，凡是有她在的地方，总是欢声笑语不断。孙倩长得很漂亮，穿衣打扮也很得体，可是她有一个屡犯不改的毛病被上级批评多次，就是喜欢打听别人的私事。

不管是谁、在什么地方，孙倩总是很起劲地询问别人的家庭情况、收入、是不是单身之类的问题，有时候还喜欢在同事不在时候随便地翻看同事的东西。最让上级忍受不了的是，孙倩喜欢把自己打听来的事情和公司同事分享，搞得全公司上下鸡犬不宁。

孙倩本身的业务能力很强，上级也多次苦口婆心劝她改正，想留住她，可是孙倩的毛病已经形成，很难改掉。后来，为了公司的和谐，上级只能找个借口将她辞退了。

其实，孙倩并没有毫无恶意，她只是好奇心重而又喜欢说话罢了。好奇心重，就会对外界的所有事情都抱有兴趣；喜欢说话，就不免把自己的所见所闻讲出来。但是在职场中，这样的好奇心和爱说话并不利于职业发展和维护良好的人际关系。《谁动了我的奶酪》这本书向我们传递了"变是唯一的不变"这一道理，每个人对这句话的理解各不相同，如果你说你懂得这个道理，那么说明你在潜意识里惧怕改变自己。记住：随着奶酪的变化而变化，不要抱怨"谁动了我的奶酪！"优化自己的性格，永远都不晚。

莫奈是一个技术精湛的汽车修理工，但是现实生活和他的理想相差甚远，他不想这样碌碌无为一辈子。一个偶然的机会，他看到了位于休斯顿的一家飞机制造公司的招聘广告，莫奈很想去应聘这个职位，便下定决心去碰碰运气。

莫奈到达休斯顿时已是晚上，他匆匆吃过晚饭便到旅店休息，希望能以饱满的精神状态去赴第二天的面试。躺在旅店简陋的床上，莫奈瞪着天花板，竟然陷入一种从未有过的沉思。自己多年的艰辛生活像电影一样一一浮现在眼前，一种莫名的惆怅涌上心头，他不禁质问起自己："身边的朋友都不如我聪明，为什么都比我过得好？"

莫奈一时想不出说服自己的答案，便翻身起床，拿出纸和笔，把朋友的名字逐个写出来。他发现，其中有两个朋友，当初是住在隔壁的邻居，现在已经搬到高档住宅区了；有一位中学时代的朋友，现在已经是一跨国公司的老板；当初一起学汽车修理的朋友，现在也开了自己的汽车修理店。

为了找到自己与朋友之间出现差距的原因，莫奈干脆把自己的过往经历梳理了一遍，结果发现自己比其他朋友少了一样东西，这样东西就是自己经常会情绪失控。这是莫奈有生以来第一次直视自己的缺点，并从中领悟到自己之所以过得差强人意，是因为冲动、易怒和自卑等性格上的缺陷造成的。

找到根源的莫奈信心大增，他决定改变自己，塑造全新的自我。莫奈带着全新的面貌和面试官坦诚交流，深得面试官的赏识，如愿以偿地被录用了。

进入飞机制造公司两年多的时间里，莫奈得到了几次晋升机会，迅速成为公司的骨干员工。莫奈在公司乃至行业内声名远扬，成了别人眼中乐观、机智、善良、可靠的人。由于莫奈出色的表现和能力，公司在几年后的一次重组中，分给了莫奈可观的股份，莫奈终于尝到了成功的滋味。

当今社会瞬息万变，就像一个巨大的迷宫，如何走好其中每一步，不让自己迷失方向呢？唯一的办法就是不断地提升自己，在变化中突破自我。只有寻求新的变化，才能够适应各种变化，达成自己的目标。

彼此理解和尊重是高效沟通的前提

德国著名心理学家艾宾浩斯在圣诞节前夕做了一个实验：他随机挑选了一群素不相识的人，给他们寄去圣诞贺卡。大多数收到他贺卡的人都没有打听他是谁，就自动给他回寄了一张贺卡。这就是心理学上著名的互惠实验。

互惠实验的结果表明：人与人之间的感觉都是相互的，你怎样对待别人，别人就会怎样对待你。由此我们可以推断，如果我们尊重他人，他人也会用尊重的态度对待我们，反之亦然。面对他人的错误、他人的决定、他人的意见、他人的选择时，我们都该表现出理解和尊重，这样当我们自己出现错误时才更容易赢得他人的理解和尊重。

卡拉奇是雪佛兰的一位汽车销售人员，这一天，他接待了一位女顾客。开始的时候，这位女顾客只是百无聊赖地看着，卡拉奇过去接待她，并与之闲聊起来。原来，这名女顾客纯粹是来打发时间的，她原本要去对面的店买一辆福特车，但是那里的销售员要去收一笔货款，她需要等一等，所以就来这边闲逛了。

她又告诉卡拉奇，今天是她50岁的生日，所以她想为自己买一辆与表姐一样的福特车作为自己的生日礼物。面对卡拉奇的热情，她不好意思地对他摆摆手："我只是来看看，你去忙你的吧，谢谢了。"

卡拉奇一边祝她生日快乐，一边邀请她到里面看看，然后走出展厅向秘书交代了一番，又走了回来。在陪同女顾客观看的过程中，卡拉奇一直耐心地为她介绍车型和功能，当介绍到一辆白色的雪佛兰时，卡拉奇的秘书走过来递给这位女顾客一束玫瑰花，并笑着对她说道："祝您长寿，尊贵的夫人。"看着这束花，女顾客感动得快哭了。

"已经好久没有人送我礼物了，谢谢你，"她说道，"本来我想买一辆与表姐一样的福特车，但是不一定非要买福特车，其实这款白色的雪佛兰我也十分喜欢。"最后，她买下了这辆白色的雪佛兰，并写了全额支票。

卡拉奇正是通过对顾客的尊重赢得了顾客对他的尊重，争取到了本不属于雪佛兰的销售业绩。人本主义心理学代表人物卡尔·罗杰斯认为，尊重应该体现对他人的现状、价值观、人格和权益的接纳、关注和爱护。尊重不仅表现在帮助人，还应该表现在尊重对方的意见和选择。

楠楠是个业余写手，平时在家喜欢给杂志社或文学网站写一些东西。后来因为业余写作的收入挺不错，索性就把自己的全职工作辞掉了。一次，她去一个远房表婶家里参加婚宴，席间，她的表婶得知她把工作辞掉了，就问她现在在家里做什么。为了表示谦虚，楠楠就半开玩笑地说："没做什么，就是在家里写写画画。"

听完楠楠说的话，表婶就开始说教起来了，一边说楠楠太傻，把这么好的工作辞掉了；一边又极力劝说楠楠来自己的保险公司做事。楠楠不好意思直接拒绝，就推辞说自己能力不足，做不好保险的工作。她的表婶又极力劝说她："怎么会做不好，做不好也没关系，我可以教你；要不然你在家里闲着干啥？来保险公司上班待遇也非常优厚。"搞得楠楠左右不是，最后只好草草吃了几口饭就借口走掉了，并且发誓再也不来参加这种宴会了。

天生万物，各有不同。不要总是要求他人与我们一样，不要总想着劝说改变他人。人不但各有其志，而且各有其趣，你认为有价值的东西，别人未必认为有价值，你感兴趣的事，别人也未必感兴趣。况且情况因人而异，一条路你能走通，别人却不一定能走得顺畅。每个人有每个人的专长，不能因为自己成功而去教唆别人和自己走一样的路。

哈佛商学院教授罗莎贝斯·莫斯·坎特指出：管理应该从尊重开始，尊重员工是人性化管理的必然要求，是回报最高的感情投资。只有当员工的私人身份受到尊重，他们才会真正感到被重视、被激励，做事情才会发自内心，主动完成上级交代的工作，心甘情愿为团队付出。如果持续受到尊重、得到认可，员工愿意和上级成为朋友，成为互相促进的商业合作伙伴。在现实生活中，不是所有上级都能运用坎特法则管理下级，所以我们在面对上级的时候，在不触碰底线的情况下，可能还需要多一些忍耐，否则就会为自己的职场生涯埋下祸根，王琳就是个很好的例子。

王琳离职了，走出公司的大门，她不禁长舒了一口气。王琳在这家公司工作了五年，身边的老同事都升职加薪了，自己却仍旧是一个普通职员。王琳一直都勤恳务实，业绩也不错，是大家眼里标准的优秀员工，为什么没有获得提升呢？

这要追溯到两年前那次与上级发生的争吵，争吵之激烈让公司里的所有人都耳闻目睹。虽然事后证明王琳是对的，可上级因此失去的威信却无法挽回。之后，王琳的工作依然像以前一样忙碌尽责，上级也没有再提什么，事情似乎过去了。只是，此后每次公布加薪或晋升名单的时候，王琳都会深刻地意识到自己已被打入"黑名单"了。可让王琳困惑的是，每次和上级见面的时候，他总对王琳歉意地一笑，那意味深长的笑容让王琳不知所措。自此以后，王琳总想找机会弥补什么，然而无论她如何做，都无法从上级那里得到任何清晰的反馈。王琳不知道，其实在上级心里，这件事情不会轻易过去的。在尝试了各种努力都失败后，王琳只好无奈地离开了这家公司。

人与人之间的交往贵在相互尊重，这是人际交往的第一原则，也是一种美德。我们常说尊重他人的人也会受到他人的尊重，但是这个规律有时候并不适用于职场。在职场中，彼此的尊重固然重要，但也要规避与上级的正面冲突，这对自身的职业发展很重要。

战胜拖延症，提升自我品性

培根说："习惯是人生的主宰。"的确如此，良好的习惯对个人的成长和发展有着极大的好处，不良的习惯则像一个个黑洞，最终会将我们吞噬。

古今中外，许多成功人士之所以可以创下令人难以企及的业绩，并非他的智商过人，而是因为他本身具有许多良好的习惯。

海尔的总裁张瑞敏把"日事日毕，日清日高"作为海尔的口号。"日清"也是海尔推广的一种管理法，就是全面地对每人、每天所做的每件事进行控制和清理。"日事日毕，日清日高"是说今天的工作今天必须完成，今天完成的事情必须比昨天有质的提高，明天的目标必须比今天更高才行。

崔淑立是海尔洗衣机海外产品经理，在贯彻"日清"制度时起到了表率作用。她接手美国市场时，前任经理提醒她："拿下美国的 × 客户非常难！"前任各产品经理在这位客户面前都业绩平平。

崔淑立上班第一天就看到了 × 客户发来的要求设计洗衣机新外观的邮件，因为有十二小时的时差，此时正是美国的晚上，所以已经不能回复邮件了。崔淑立很后悔，如果她能早一天做准备，就能即时回复，客户就不用等到第二天了。

从这天起，崔淑立决定以后晚上过了 11 点再下班，这样可以在当地上午时间处理完客户的所有信息。3 天过去了，"夜半日清"让崔淑立与客户能及时沟通，开发部很快完成了新外观洗衣机的设计图。在决定把图样发给客户时，崔淑立认为还必须配上整机图，以免影响确认。她强迫自己和同事们完成"日清"——整机外观图一并发给客户。一切弄好之后已经是晚上 12 点了，大约凌晨 1 点，崔淑立回到家，立刻打开电脑，看到了客户的回复：产品非常有吸引力，这就是美国人喜欢的。她顿时高兴得睡意全无，为自己"夜半日清"产生的效果而兴奋不已。

在样机推进的过程中，崔淑立常常半夜醒来打开电脑看邮件，这样就可以及时给客户答复。美国那边的客户被崔淑立的精神打动了，推进速度更快了，× 客户第一批订单终于敲定了。崔淑立把"日清"发挥到极致，也就创造了在大客户手中拿订单的传奇。

有些人脑子里产生一个好的想法或计划，不去迅速地执行，而是一味地拖延，导致最初的热情渐渐冷却，行动结果大打折扣，甚至无疾而终。诺贝尔物理学奖的获得者丁肇中就吃过这样的亏。

1974年8月，美国纽约州阿普顿的国立布鲁海文实验室里，丁肇中和助手们发现了"J粒子"，丁教授把这一发现放在了保险柜里，打算"慢慢"研究。同年11月10日，由里斯特领导的斯坦福直线加速器实验室也发现了同一粒子，结果在1976年12月11日，丁肇中只能跟里斯特在瑞典斯德哥尔摩平分诺贝尔物理学奖。

每个人都有懒惰的天性，而善于进行时间管理的人能够克服这种天性，使自己勤奋起来。单靠勤奋不一定能取得成功，但成功者无一不是勤奋的。懒惰的人在浪费时间的同时，也丧失了成功的机会。

有人曾在网上征集1000个人的焦虑故事，据统计，拖延症、沉迷网络和手机、吃太多、熬夜、乱花钱是如今普遍导致人们困扰和焦虑的坏习惯。坏习惯之所以会使人产生焦虑，是因为它像多米诺骨牌一样，一旦养成就会产生连锁反应，滋生出下一个坏习惯，这一恶性循环会打乱生活节奏。仅仅是拖延症这一个坏习惯，就会导致熬夜，造成在睡眠不足的情况下上班，结果工作效率低下，需要长时间加班来完成任务，晚上还要吃夜宵，体重也开始增加。如果这些行为作为习惯一步步地固定下来，就会对生活造成很多负面影响。

拖延的习惯最能损耗信心、磨平意志，甚至腐蚀我们的每一次行动，也是我们和坏习惯说再见的最大绊脚石。我们看看王洋是怎么克服自己的拖延症的。

王洋在一家食品制造公司做销售，因为觉得每天写报告太麻烦了，所以他都是一周写一次，结果不仅惹怒了上司，还要花时间去回忆一周以前的拜访内容，这让他更加反感写日志了。还有，他总盘算着等其他事情都安稳下来以后再做客户提案书，可是每次都搞得时间非常紧张，来不及接受客户的订单。

虽然王洋知道要去抓住新客户，实施主动式营销，但是由于他到目前为止毫无经验，所以总是裹足不前，每次营业会议都被上司批评。这样一来，王洋做什么事都是不事到临头绝不着手去做。因此上司对他的评价很低，导致他产生了极大的工作压力。

王洋痛定思痛，决定从一点一滴做起，改掉拖延的坏习惯。

第一天从每日报告开始。每天都要把拜访的五位客户的信息录入到公司系统中。这时候，王洋给自己分解设定了四个步骤。1.拜访客户后做好录音工作；2.分条写下来，输入系统里；3.将条目串成一篇文章；4.检查错别字。之前，最让他痛苦的事情莫过于到了晚上十一点，已经忙了一天精疲力尽以后，还要去回忆一天内的客户回访情况。但是自从改变了方法，书写每日报告就变成了一件非常轻松的事情。第二天解决的是让他感觉特别沉重的邮件回复问题，第三天是撰写提案书。按照这种节奏，王洋渐渐解决了一件件在拖延的工作。

此外，他还制作了一份拖延事件消除表，边检查边在上面写下自己的感受。每天做了什么工作、付出了怎样的努力、心情如何之类，他都记录了下来。作为拒绝诱惑的机制，他给自己定了一条规矩：每天早上在最棘手的工作上只花 15 分钟时间。

提案书的撰写、新客户的开拓过程、每月报告的撰写、报告书的制作、会议举办流程等，他把每一项工作对应的最合适的流程都写进了电子表格中。通过这样的标准化作业，不需要每次一一思考那些让自己沉重的工作流程，而可以从一小步开始去解决。还有，即使被电话或者紧急邮件、上司交代的紧急工作打乱了节奏，但是因为他非常细致地将工作分步骤进行，所以中断以后还可以很容易地再次开始。就这样，王洋的拖延事项越来越少，周围的人也开始称赞他像脱胎换骨了一样，他也变得更加自信了。

　　凡事都留到明天处理的态度就是拖延，这不但是阻碍进步的恶习，也会加深生活的压力。对一些人而言，拖延是一种心病，它使人生充满了挫折、不满与失落感。建议你从现在起就下定决心、洗心革面，今天的事一定要在今天完成。

EFFICIENT COMMUNICATION

第六章

与陌生人搭讪，掌握搭
话技巧是关键

人有对陌生事物产生自我防御心理的本能，与陌生人沟通时，让对方放下心理防御似乎很难，但是掌握了特定的方法就会变得简单。生动有趣、形式灵活的话语会使平淡的对话变得活泼；生动的肢体语言和话语也都是打动陌生人的方式。如果掌握了这些技巧，就能在与陌生人的交谈中如鱼得水。

应酬话说一点儿，距离拉近一点儿

与陌生人沟通，首先要从自我介绍开始。恰到好处的自我介绍会让对方产生深刻的印象，对人际关系的拓展具有十分积极的意义。可以说，自我介绍是人际沟通中不可或缺的重要组成部分。根据不同的情况，自我介绍可简可繁，有时只需简单介绍一下自己的姓名即可，有时则要介绍职业、特长等相关的信息。根据不同的场合，自我介绍主要分为以下几种：

1. 应酬式。这种方式最简洁，在公共场合及一般性的社交场合应用较多，通常只要介绍一下自己的姓名即可。

2. 工作式。这种方式相对详细一些，在私人聚会上应用较多，通常应该介绍姓名、工作单位、职务等。

3. 交流式。这种方式更详细，一般在想要进一步交往时应用较多，通常应该介绍姓名、工作、学历、兴趣，甚至籍贯等。

4. 礼仪式。这种方式主要表达友善的含义，在报告、演出等场合应用较多，通常应该介绍姓名、单位、职务等。

无论是哪种自我介绍方式，都应该做到真诚、礼貌，要根据不同的场合选择合适的方式，这样才能得到对方的欣赏，赢得继续沟通的机会。

自我介绍时，可以借助一些巧妙的手段，这样更能吸引对方的注意力，增强"推销自己"的效果。在介绍自己的姓名时，有些人会巧妙地融合一些历史名人、典故之类的内容，这样不仅可以增加趣味性，也能展现个人的文化水平和极佳的口才。

有个名叫周振邦的人，在自我介绍的时候，他这样说："我叫周振邦，周是周武王的周，振是振兴的振，邦是邦国的邦。父母给我起这个名字，有两层含义：一是希望我能做一个像周武王那样振兴国家的大人物，二是希望我们的国家能够振兴、富强。"

通过颇具特色的自我介绍，"周振邦"这个名字会被很多人记住，从而为双方的进一步沟通打下坚实的基础。

用好了自我介绍这块敲门砖，陌生人就会打开心扉，让你进入他的世界；用不好这块敲门砖，你就会不断吃到"闭门羹"，陌生人永远都不会变成熟悉的人。

在西方有这样一句谚语："你没有第二个机会给别人留下美好的第一印象。"第一印象在人的头脑中占有十分重要的位置。性别、年龄、穿着、身材、形态、言行、表情等都是第一印象的组成部分，人们往往会根据这些因素去判断一个人的涵养和性格。

与陌生人初次见面，我们难免感觉紧张、慌乱，甚至是手忙脚乱，而且越想给对方留下好印象，精神压力就越大，反而更加无法展现自己优秀的一面。其实，只要做好心理准备，适当地调节自己的情绪，再适当地掌握一些技巧，就很容易给对方留下较好的印象，为自己的整体形象加分。俗话说："好的开始，是成功的一半。"这句话用在与陌生人的沟通中同样适用。一旦树立起良好的第一印象，沟通就容易得多了。

安德森是一名新闻系的毕业生，正忙于四处找工作。一天，他来到一家报社拜访总编先生："您好！请问贵社有空缺的编辑职位吗？""没有。""那记者呢？""也没有。""那么校对呢？""没有。事实上，我们现在没有任何空缺的职位。""那好吧。我想，您这里肯定缺少这个。"安德森边说边从包里拿出一块精致的木牌，木牌上写着："额满，暂不雇用。"总编看了一眼牌子，会心地笑了笑，说："如果你愿意，我们的广告部倒是需要一个人。"

通过一块精致的木牌，安德森展现了自己的乐观精神和幽默感，由此让总编对他产生了极佳的第一印象和浓厚的兴趣，安德森也获得了自己的第一份工作。

面对毫不了解的陌生人，沟通起来确实存在诸多困难。但是只要打好"第一印象"这头一枪，就能让陌生人喜欢你，进而产生继续沟通的意愿，为后续沟通打下良好的基础。

第一次与陌生人见面时，心理上难免会有一些距离，不知所措或不知道说什么的情况时有发生。实际上，只要能够找到共同语言，就很容易打破尴尬的局面，令双方的沟通变得自然、顺畅起来。

稍微留心一点儿就能发现，如果下楼散步的时候带着小孩，就能很容易地和楼下的家长们聊起来；假如只是一个人下楼，通常很难融入家长们的圈子。道理很简单：当孩子们一起玩耍的时候，家长之间的谈话自然而然地就从孩子身上展开了。

遇到身体健硕的男性，可以和他聊聊运动；遇到口音相似的人，可以和他聊聊家乡；遇到年龄稍小的人，可以和他聊聊动漫、人工智能等年轻人比较感兴趣的话题。总结起来就六个字：寻找共同语言。只要能够找到共同语言，接下来的沟通就会变得容易得多，沟通的过程也会令双方感觉更加惬意。

王丹年龄不小了，父母总是张罗着帮她相亲找对象。

一次，她在父母的要求下去相亲。没想到到了公园之后，她的小狗却跑丢了。王丹心急如焚，哪里还有心情去相亲呢？她四处寻找，终于看到自己的小狗正在一个角落里和另一只小狗玩耍。王丹静静地看着它们，心里别提有多高兴了。

此时，一个帅气的小伙子走了过来，看样子是另一只小狗的主人。王丹指着两只小狗示意小伙子不要打扰它们，小伙子马上心领神会。两个人站在一旁，谈话从小狗开始。

"你的狗狗很可爱啊，养了几年了？"小伙子首先开口。

"3 年多了。你的狗狗几岁了？"王丹反问道。

"2 岁多了。家里还有两只 5 岁多的。"小伙子说道。

"你怎么养这么多狗啊？我也想多养一只和现在这只做伴。"王丹说。

"咱俩加个微信吧，我这儿有个群，里边都是喜欢狗的人，我拉你进去。"小伙子说。

"好啊。"王丹开心地回答。

加为好友之后，两个人经常聊天，并成了恋人。后来才知道，原来他俩当天都是被迫去相亲的。没想到两只小狗竟然成就了一段好姻缘。

本来对相亲都十分排斥的两个人，因为小狗而巧遇，又因为小狗这一共同话题而走到了一起。由此可以看出，对陌生人来说，共同话题是拉近距离的极好手段。

所以说，陌生并不可怕，可怕之处在于缺乏直面陌生的勇气。只要我们能以平和的心态去面对陌生人，从两个人的沟通中寻找蛛丝马迹，努力找出彼此的共同点，这样互相之间就会有话可说，沟通便会拉近彼此的距离。

真情实意能够消除彼此的陌生感

在人际交往中，真情实意有两层含义，一个是热情，一个是真诚。

美国社会心理学家所罗门·阿希在 1946 年做了这样一个关于热情的实验：他把实验的参加者分成两组，用人格特征词语向他们分别描述同一个人。在第一组中，阿希列出的人格特征词语为：聪明、熟练、勤奋、热情、实干和谨慎。而在第二组中，除了"热情"一词被换成"冷酷"外，其他词语仍旧保留。

当这两组词被以问卷的形式分别发给两组被试时，阿希告诉他们："这是一些我用来形容一个人的词语，看过评价此人的词语后，你们对他的印象如何呢？请把你的答案写在纸上。"

十多分钟后，被试陆续交上了他们的答案。虽然两份问卷中只有一个词语不同，但"热情"与"冷酷"的不同使得两组被试对阿希虚拟的人的评价完全不同。拿到写有"热情"的问卷的被试一致认为这个人同时具有幽默感等各种优秀品质，并表示愿意同其交往。而拿到写有"冷酷"的问卷的被试普遍认为这个人不值得交往，同时把自以为是、虚伪、脾气暴躁等各种恶劣品质全部罗列在其"冷酷"的品质之下。

虽然预想过被试的评价会有所不同，但如此巨大的差异还是让阿希教授始料未及。在震惊之余，他得出了这样的结论：热情是人的中心性品质，是一个人能否建立良好人际关系的中心因素。换句话说,"热情"并非只是一个词,而是作为人的品质中最具"中心性"的好品质,它既具有中心位置,也具有光环效应。一个人只要具备热情这一品质,即可表现出更多的、让他人欣赏的品质,全面影响着他人对我们的综合判断和评价。

在美国西雅图有一家叫派克的渔铺,和梅林批发市场里所有的渔铺一样,虽然小店有自己的名字,但没有多少人知道。但是这家渔铺被老约翰接手后,它的面貌发生了巨大的改变,不仅盈利,而且出名。

老约翰首先改变了渔铺的整体视觉效果,他将工作围裙换为了明艳的大红色,又要求营业员改变卖鱼时闷不作声的呆板状态。他自己发明了一套"呼叫"销售法,比如要求员工一边包装称好的鱼,一边清脆地叫道:

"这条大鲑鱼要和这位漂亮太太回家去啦!"

"这六只大螃蟹要装进这位先生的袋里啦!"

顾客多时,这样的语言此起彼伏,引诱路人也想进去看看,不少路人由好奇地"一看"变成了心动地"一买"。渔铺员工的心态也随着工作状态的改变而改变,他们脸上增添了不少笑容与活力,改变了维持 15 年之久的呆板容貌。

不少世界 500 强企业的 CEO 专程前往派克渔铺,探求这小小渔铺是如何在 30 平方米大的地方,在 10 年间将利润提升了 10 多倍的。

热情是影响人际关系的中心因素,一方面能让人感觉到你的亲切,很快拉近两个人的距离;另一方面,还能为他人营造一个温馨活跃的氛围,消除对方的心理陌生感。但这种品质如果只隐藏在内心,没有表现出来,那么即使它拥有再大的魔力,也难以释放出力量。因此，要让他人清楚地感知到你的热情，就要求你掌握一定的热情传递法则，达到事半功倍的效果。

1. 自然流露

热情传递的是一种积极、自信的态度，这是一种由内而外散发的力量。德国戏剧家莱辛说："热情是尤其假装不来的。对于任何一种热情，每个人都有他自己的流畅语言，只能由自然所启发。"由此可见，无论在哪个地方，热情都具有不变的意义。热情是发自内心的品质，是一个人独特的人格特征，这种魅力在举手投足间自然流露，即不矫情也不做作，体现整个人的精神状态。

2. 传递正面消息

正面信息远比负面信息更具有影响力。在交流的过程中，正面的信息更容易吸引对方的注意力，表现出热情。

3. 传递"你喜欢别人"的信息

在与人交流之前，如果能先传达出"我很有兴趣与你讲话"，将收到意想不到的效果。对别人不感兴趣的人，也很难引起别人的兴趣，更谈不上给别人留下热情的印象了。你对别人感兴趣，才能表现出对他的热情，进而激发你潜在的交际热情。

松下电器的创始人松下幸之助说过这样一段话："在这个世界上，我们靠什么去拨动他人的心弦？有人以思维敏捷、逻辑周密的雄辩使人折服；有人以慷慨激昂的陈辞去动人心扉。但这些都不足以打动人心，我认为，任何时候、任何地点去说服人，起作用的因素始终只有一个，那就是真情实意。"

小野一平是一家东京电器公司的推销员。在短短半个月之内，

155

他卖出了 30 台电器，但是他发现，他所在公司的电器产品比市场上同样性能产品的价钱贵很多，他觉得自己有必要去找客户聊聊。

小野一平拿着合约书和订单找到了这 30 位客户，并和他们说明了情况，询问他们是否要退货或者续约。这些客户被小野一平的真诚所感动，不仅没有一位客户要求退货，而且他们都对小野一平信任有加。

真情实意不只讲热情，还讲真诚。有经验的推销员都不是那些油嘴滑舌、谎话连篇的人，而是用实实在在的语言和行动打动客户的人。小野一平说过这样一句话："做人和做生意一样，第一要诀就是诚实。诚实就像树木的根，如果没有根，树木就没了生命。"

人与人之间，语言所负载的内容，除了基本的文字信息之外，还有感情信息。这种感情信息内涵十分丰富，在谈话中起着举足轻重的作用。"感人心者，莫先乎情。"真挚的情感最能打动人心，让人心服口服。因而在与陌生人交谈时，只要倾注热情，表露出真诚，就可以融化陌生的坚冰，甚至相互信任，达成共识。

用亲切寒暄打开对方的心门

人与人见面的时候难免有些尴尬冷场，而寒暄就可以有效缓解这种气氛，寒暄是一把打开话匣子的钥匙，适当地寒暄可以营造轻松愉悦的交谈气氛，帮助你和他人顺利地展开对话。

一般说来，初次与人交谈，双方都会心存戒备，难以一下子完全打开心扉。因此，在谈话刚开始，需要说点轻松的话题，缓解氛围、引起共鸣，让对方慢慢走出自己的安全区域，达到谈话的目的。

想要在最短的时间内消除与对方之间的隔膜，是有方法可循的。死板的聊天只会让双方提不起兴趣，话题越聊越冷，最终陷入尴尬的局面。所以，我们要挑对方熟悉的话题来打破僵局。

成涛第一次去上司家里拜访，见上司的客厅墙上挂有"制怒"二字，便猜测对方容易发脾气，而且还要抑制自己发脾气。便开口问道："您平时经常发脾气吗？"上司说："我很容易冲动。但明知自己有这个毛病，却有时控制不了。为了提醒自己，就写下来挂到墙上，时刻提醒自己，控制自己的情绪。"

成涛顺着上司话题来谈，先是表示非常理解，然后表达自己的看法。上司也就同一问题说出自己的感受，两个人聊得非常投缘。时间一晃两个多小时过去了，两人有了一种"相见恨晚"的感觉。在之后的工作中，上司对成涛也是十分照顾。

我们和别人寒暄的时候，还应该留下话头让对方接起，不要把话说完。如果让对方感到无从下手，那么你们的对话将会变成你的单人演讲。要知道交流是双向的，留下话头，使对方感到双方的心是相通的、交谈是很和谐的，才能拉近彼此之间的距离。聪明的人和对方交谈的时候都不会把话说完，把自己的观点讲死，而是将陈述句变成疑问句，那样对方才会愿意和你继续交流下去。

在社交活动中，亲切的寒暄无疑是拉近与他人心理距离的最好办法。在礼貌寒暄中加入几句亲切、风趣的话，能够迅速消除人与人之间的陌生感。

1943年，英国首相丘吉尔和法国总统戴高乐因为一些问题产生了分歧。这一情况在很长时间内都没有得到妥善的解决，两人决定进行一次简单的会晤。

当天，丘吉尔首先用法语向众人说："女士们去逛街吧，男士们将要去花园聊聊了。"在说完这段话之后，他又假装与他的大使达夫库伯耳语，实际却用众人都能够听见的声音，说道："我的法语还凑合吧？戴高乐将军的英语十分出色，相信他一定会明白我的意思的。"众人听完这句话，纷纷笑了起来。众所周知，丘吉尔的母语是英语，他的法语水平实在让人不敢恭维；而戴高乐的母语是法语，其英语说得也很流利。丘吉尔自嘲式的幽默使得沟通气氛变得融洽了起来。

人们通常把寒暄、闲聊当作一种礼貌，殊不知我们可以在闲聊和寒暄中与对方建立起良好的沟通氛围。在与人初次见面的时候，寒暄要适度，既要表现得亲切，又不要阿谀奉承，这样对方才能很乐意地继续交谈下去。

有些人不注重寒暄，认为无足轻重，甚至是浪费时间，可是恰恰这样的闲聊就是双方建立沟通的开始。

温威刚到公司的时候整天沉默寡言，很没有存在感，大家甚至都注意不到他来了没有、工作得怎样，更谈不上关心和交流了。半年过去了，温威越来越消沉，工作起来一点儿劲头也没有，感觉自己完全被忽视了。

公司又要进一批新人，上司把温威叫到办公室，说："温威啊，我希望你早上上班时跟大家打个招呼，把'早上好'这三个字说清楚点儿，给新人做个榜样，行不行？"

温威委屈地轻声说："我打招呼了啊……"

上司有点激动，大声地说："我早上见到你，从来就没听到过你打招呼！你们办公室的人也都说没听到过你打过招呼！"

温威更委屈也更轻声了："我……我明明打了招呼嘛……"

上司更大声了："那你打招呼的时候，能不能让我们都听见！别人没听见就等于你没打招呼，知道吗？"

适度地寒暄不仅不会使对方感到厌烦，还会让对方觉得亲切热情、温暖。沟通无小事，只有彼此认同、充分互信才有深度合作。

我们与人寒暄的时候，客套话是必不可少的。如果对方的手表很好看，看起来价值不菲，那你不妨夸赞一下说："好久不见，您的风度更加迷人了，您佩戴的这块手表很适合您。"对方听你这么一说，一定会感到很高兴，自己身上的小东西还会被别人注意，说明你是一个细心的人，他也就会对你产生兴趣，愿意与你交谈。

假如你没有话题可说，可以和对方聊一聊天气，这一点是绝对不会有错的。比如在冬天，我们常常会以"天真冷啊"作为闲聊的开始。如果对方是北方人，一定可以引起共鸣，与你继续交谈下去；如果是南方人，也会在闲聊中说起自己的家乡，如此一来，就能很好地打开对方的心扉，让谈话顺利地进行下去。

寒暄是冲破人与人之间交流障碍的有效方法，如果你在和人寒暄的时候能有意无意地插进一些能够吸引对方注意的话题，或者是对方比较了解的事情，那么寒暄就不仅是形式上的客套话、废话了，而是能够营造轻松愉悦的谈话氛围，成为拉近彼此距离的利器。在谈话氛围营造成功之后，要注意不能过度，应及时进入正题，否则对方可能会因为你的热情过度而重新对你有所戒备。

笑声是凝聚人气最好的磁力

作为一名职场人，建立良好的人际关系、得到大家的尊重，对自己在职场中的生存和发展有着极大的帮助。而且，人际关系和谐，工作氛围也会变得轻松愉快，这会帮助你忘记工作的单调和疲倦，用最美好的心态去面对工作、面对生活。

笑是人类与生俱来的一种本能，让人放松、令人愉悦。俄国文学家契诃夫说："不懂得开玩笑的人是没有希望的人。这样的人即使额高七寸、绝顶聪明，也算不上真正有智慧的人。"和风趣幽默、心胸开阔的人沟通是一种精神享受，因为你不会遇到任何难缠的话题，在这种轻松快乐的氛围里，无论是向对方阐述自己的观点还吸引对方的注意力，都会变得轻松简单。

一位老师的普通话不太标准，有一次上语文课，讲到某一问题要举例说明的时候，把"我有四个比方"说成了"我有四个屁放"，顿时教室里像炸开了锅一样，学生们哈哈大笑。老师灵机一动，脱口而出一首打油诗："四个屁放，大出洋相，各位同学，莫学我样，早日练好普通话，年轻潇洒又漂亮。"老师的机智幽默赢得了学生的热烈掌声，从此以后，同学们越来越喜欢上这位老师的课了。

会开玩笑不但可以为大家带来很多笑声，还可以为自己解围，同时为自己增添人格魅力。尤其是在初次见面的时候，即使你并不出众，但是你的玩笑如果开得合适，就一定会给人留下深刻的印象。

白岩松到南昌出差，返京的前一天，当地一所知名大学的校长找到他，想请白岩松为学生做一个演讲，分享一下人生经验。白岩松虽然措手不及，但是想到能跟学生面对面交流是一件有意义的事，就答应了。

距离演讲开始还有两个小时，同学们大部分已经进入礼堂等待了。公众对白岩松的认识都停留在央视名嘴、不苟言笑的印象中。所以学生们在礼堂都关掉手机，即使有人带了相机，也没人敢拍照。偌大的礼堂挤满了人，却井然有序。上台后，白岩松感觉气氛太过紧张。台下的同学一个个表情凝重、小心翼翼，尴尬弥漫了整个会场。为了缓解气氛，白岩松笑着问学生："你们是不是觉得我不够帅，所以连相机都懒得打开？"

话音刚落，台下就笑声一片。随后，陆续有学生拿出相机、手机接连拍照，大家的心情都放松了，场面也慢慢活跃了起来，白岩松在一片欢声笑语中开始了演讲。

这个案例很好地体现了"笑"的魅力，无论是白岩松自己的笑，还是他的幽默引出来的学生们地哈哈大笑，都起到了很好地调节氛围的作用，在这样的氛围下进行的演讲自然会被更多人喜欢、接受。

在现实生活中，我们还常常会遇到这样的情况，在对方的幽默攻势下我们很容易不知不觉地接受对方的某些要求。

英国国王乔治三世带领众人到森林中狩猎，他们发现了一头麋鹿，于是拼命地在后面追赶。当他们追到森林深处的时候，悲剧发生了：麋鹿没了踪影，他们迷路了。他们不得不在森林里四处乱转，希望找到来时的路。正当他们身心俱疲、斗志将无的时候，终于看到了一丝微弱的灯光。众人向着灯光走去，在灯光的尽头找到了猎人的家。

国王饥肠辘辘，于是向猎人要了几个鸡蛋吃。没想到国王吃完之后，猎人竟然告诉国王每个鸡蛋要付10英镑。国王万分诧异："鸡蛋又不是什么稀罕货，怎么这么贵？鸡蛋在你们这里有那么稀有吗？"猎人乐呵呵地答道："尊敬的国王陛下，鸡蛋确实十分普通，不值那么多钱。鸡蛋虽然不稀有，但是国王稀有。鸡蛋的价格得和您的身份相称才行。"听了猎人的话，乔治三世哈哈大笑起来："好吧，我照价付钱就是了。"

国王并非不知道价格中含有水分，他愿意付款只是因为他被猎人的幽默征服了。职场人际关系对任何一位职场人都至关重要。可惜常有人对于处理同事关系感到棘手，抱怨甚多。其实，做个受人喜爱的同事并不难，只要你为人不坏，言谈风趣幽默，很容易就可笼络到周遭同事的心。因为人都喜欢与幽默的人一起相处，尤其是在压力重重的职场当中，一个擅长用幽默增添情趣的同事理所当然地能够得到大家的喜欢。

陆小飞是一家软件公司的工程师。一天，公司所在写字楼的电力系统出了问题，办公室顿时一片黑暗，楼道里不停地冒出白烟。各公司的人闻到异味后都冲了出来，个个紧张兮兮，不知如何是好。这时，一位保险公司员工灵机一动，向大家发放健康手册，以此转移大家的注意力。

陆小飞公司的美国老板也从办公室里冲了出来，问陆小飞发生了什么事。陆小飞扬了扬手中的自救手册说："我们正在研究自救手册，看看在危难情况下如何保护自己。"老板和同事们一阵哈哈大笑，笑罢老板又问："为什么不给我一本？"陆小飞说："我会立即为您翻译的。"

工作中，各种不可预料的事件层出不穷，当因某事大家感到无聊和紧张时，你不妨来两句幽默语缓和气氛。一来可以让同事与上司都能感觉到你的幽默风趣、平易近人，二来也可以让上司注意到你，让你在他的脑海里留下一个好印象。当然，这种幽默要恰到好处，千万别给其他同事留下巴结上司的印象。

如果一个人在你面前妙语连珠地展现自己幽默的一面，那他多半是想赢得你的关注、博得你的好感。倘若你只是简简单单地一笑而过，对他想表达的意思没有丝毫理会，那么他的情绪自然会变得低落和消沉，对双方的沟通没有丝毫益处。正确的做法是，尽可能给予对方积极的回应，让对方觉得自己的良苦用心得到了回报。只有透过玩笑的表象，听清对方内心深处的声音，才能更好地了解对方，更好地进行沟通。

称呼是开启交际大门的扣门环

在人际交往中，对人的称呼是进入交际大门的通行证。正确的称呼是在交际场合中的门面，能反映出自身的教养和对别人的尊重程度，甚至还能够体现出个人对社会时尚的把握程度。称呼是最起码的交际礼仪，我们在交际场合中一定要注意称呼的正确得体，不能错用，更不能乱用。

有这样一个笑话：一个人在和别人交谈的时候说："我的令尊很健康，你的家父还好吧。"可笑之处就是这个人在交谈过程中，在称呼的问题上犯了张冠李戴的错误。错误的称呼充分暴露了这个人在交际知识、文化修养上的欠缺。这种人在称呼的问题上犯了疏忽大意、随便乱用的错误，在交际场合中必然会失败，让别人对他的印象大打折扣。

在日常的交际中，称呼的基本要求就是要表现出尊敬和亲切，能够让双方进行有效的心理沟通，很自然地缩短两个人的心理距离，最终做到感情融洽、一团和气。要想做到称呼的郑重、规范，我们就要注意中国人的习惯称呼。中国人的习惯称呼大致可以归纳为以下几种。

1. 职务性称呼

在我们交往的人群当中，有不少人具有高级或者中级职称，这是他们取得一定成就的具体标志，这就要求我们在称呼他们的时候要直接以职务相称。在我们称呼对方的职务时，能表达出我们应有的敬意，同时也会满足对方某些方面的虚荣心。这种职务性称呼可以分为3种：直接称呼，比如"教授""博士""工程师"等；在姓氏后面加上职位，比如"李教授""周工程师""孙校长"；在姓名之后加职称，这种一般用于正式场合，比如"范松鹤教授""杨清源社长"等。

2. 职业性称呼

在社会交际中，有时候可以根据对方的职业来称呼，这样可以表现出你对他的了解和兴趣。比如直接称呼对方为"老师""医生""律师"等。在这种职业之前，通常是要加上姓氏或者姓名的。

3. 性别及年龄性称呼

在交际场合中，如果不清楚对方所从事的职业，不妨按照约定俗成的称呼来称呼对方。在称呼别人的时候，既要注意性别的差异，又要注意年龄段的不同。称呼未婚女性为"小姐"，已婚女性为"女士"。至于男性，最好还是称呼"先生"为佳，"哥们儿""兄弟"等过于随意和亲密的称呼最好不用。

4.姓名性称呼

一般情况下，在交际场合中，彼此熟悉的人之间可以用姓名相称。比如"杜小威""赵志强""谢昕"等。有时候为了表示彼此之间的亲切，还可以在姓氏之前加上一些"老""大""小"等字，而不用称呼名字。比如，对年龄稍微比自己大的人，可以称呼为"老刘""老李"，对年龄稍微小一些的可以称呼为"小陈""小王"等。面对同性朋友，如果关系十分亲密，就可以不用称呼对方的姓，直呼其名就可以了，比如"海涛""建伟"等。不过应该注意的是，这种称呼只能用于同龄同性别的人之间，如果是异性朋友，最好不要直呼其名，因为可能给外人你们是夫妻或者关系十分亲密的印象。

称呼这个事情看起来简单，叫起来却相当复杂。因为当下的中国，几千年传承的称呼体系已然繁乱，正处于重建礼仪体系的阵痛期。早先常用的"小姐""同志"现在都变了味儿，用的时候要特别谨慎。

德州商业股份有限公司的董事长班顿拉夫相信，公司愈大，就愈冷酷。他说："唯一能使一家公司温暖一点的办法，就是记住人的名字。假如有个经理告诉我，他无法记住别人的名字，就等于告诉我，他无法记住他一个很重要的工作，而且是在流沙上做着他的工作。"

记住对方的名字并把它叫出来，等于给对方一个很巧妙的赞美。有时候要记住一个人的名字真难，尤其当它不太好念时，一般人都不愿意去记它，心想：算了！就叫他的小名好了，而且容易记。

锡得·李维拜访了一个名字非常难念的顾客，他叫尼克得玛斯·帕帕都拉斯。别人都只叫他"尼克"。李维说："在我拜访他之前，我特别用心地念了几遍他的名字。"当我用名称呼他"早安，尼克得玛斯·帕帕都拉斯先生"时，他呆住了，持续了几分钟都没有答话。最后，眼泪滚下他的双颊，他说："李维先生，我在这个国家 15 年了，从没有一个人会试着用我真正的名字来称呼我。"

加州洛可派洛·魏迪斯的凯伦·柯希是一位环球航空公司的空服员，她经常练习去记她机舱里旅客的名字，并在为他们服务时称呼他们，这使得她备受赞许。有位旅客写信给航空公司说："我好久没有搭环球航空的飞机了，但从现在起，一定要环球航空的飞机我才搭。你们让我觉得你们的航空公司好像是专属化了，而且这对我有很重要的意义。"

人们对自己的名字如此重视，不惜以任何代价使他们的名字永垂不朽。即使是盛气凌人、脾气暴躁的 RT·巴南，也曾因为没有子嗣继承巴南这个姓氏而感到失望，他愿意给他外孙子 CH·西礼 25000 美元，为的是让他的外孙改名为巴南·西礼。

当我们被介绍给一个陌生人，聊上几分钟，说再见的时候，我们大半都已不记得对方的名字。多数人不记得别人的名字，只因为不肯花必要的时间和精力去专心地、重复地、无声地把这些名字耕植在他们的心中。

无论如何，称呼的选择在人际交往中起着举足轻重的作用。我们要想掌握正确的称呼方法，可以多注意以下几个方面。

第一，要合乎规则，不能犯一些常识性的错误。比如称呼对方的孩子时，可以用令郎而不能用犬子。

第二，要注意对方的风俗习惯和文化背景。每个人来自不同的地区，有着不同的文化修养和宗教信仰，在称呼对方的时候一定要注意这些细节。比如，对一个南方人就不要称呼"师傅"，因为在他们的观念里，这是出家人的专用词语。

第三，要注意称呼的时代性。有很多称呼尽管流传了上千年，但是在现代社会中其内涵已经发生了变异，有的已经完全不符合现代社会交际中的需要，因此我们要注意一些在本质上发生了变化的称呼。

第四，这一条最简单，也最容易被人忽视，那就是：记住对方的名字。

难掩表情和眼神中透露出的人情味

人最常见的表情有六种，即喜、怒、忧、思、悲、恐。表情可以反映一个人的内心情感和情绪的变化，我们在与对方交流过程中要充分关注这一点，积极地与对方进行互动，回应对方的表情变化，营造相通的情感体验。从医学上讲，眼睛在人的五种感觉器官中是最敏感的，大概占感觉领域的 70% 以上，因此被称为"五官之王"。从眼睛里流露出真情是理所当然的，因为"眼睛是心灵之窗"。

夏光莉是一名刚刚毕业的大学生，应聘到一家公司当经理助理。刚刚参加工作，夏光莉很想好好表现，但是对办公设备和各部门负责人不太熟悉，总是错漏百出。夏光莉对此很着急，但是越着急越容易出错，本来是很简单的打印工作，夏光莉尝试了几次都没成功。经理着急用文件，同事排队等着用打印机，眼看着同事因自己的问题而受到影响，一种深深的挫败感在夏光莉心中翻腾。

在同事的协助下，夏光莉终于打印好了文件，她边跟同事说"对不起"，边拿起文件送给经理。没想到，文件没有整理好，散落了一地。夏光莉赶忙低头捡文件，眼泪不停地在眼眶中打转。等她调整好情绪站起身来时，却发现经理正站在自己面前，用和善的目光看着夏光莉说："没关系，慢慢来。"

从此，夏光莉不断努力，终于成为一名合格的经理助理。后来，经理离职到另外一家公司工作，夏光莉也跟着经理到了同一家公司。夏光莉从经理的眼神中感受到了信任的力量，正是这种信任，让夏光莉从一个职场新人，变成了一个优秀的职场人。

表情中蕴含的力量巨大有时候胜过语言。在与人交往的时候，无论你面对的是陌生人还是好朋友，都可以用你的表情来传达善意，相信对方也能从你那满满的善意中得到力量。

很多人在交谈时从不跟对方眼神接触，苏珊·斯科特女士有过一次难忘的体验，那是跟一家全球性企业的高层领导马克在一起的事。

马克邀请苏珊·斯科特女士参加为期两天的务虚会，主要是由苏珊向马可的管理团队介绍关键事宜，并跟他推敲这次活动的理想结果，了解团队当前的动态。

苏珊在和马可沟通的过程中，马可没有抬头看苏珊一眼。苏珊忍不住说："虽然我们一直在说话，但我发现你根本不看我。"

马克笑了笑，看了她一眼，接着别过头回答说："我还没想好自己是否喜欢你。"

"那也就是说，在你拿定主意到底喜不喜欢我之前，你都不跟我进行视线接触吗？"

他又笑了："是的，我就这样。"

"你和自己的管理团队成员也这么做？不管你要花多长时间来判断自己到底喜不喜欢他们，总之你没想清楚之前，你都会回避眼神接触？"

"是的。"

"嗯，我感觉到了，你这种回避的态度，回避认可的态度，让我很困惑。你请我来是为了达到你想要的结果。在我看来，我们应该通力合作。我希望感受到你参与了我们的对话，我们说话的时候你看着我，应该会很有帮助。"

这下，马克看着苏珊了说："那好吧，我们试试看。"

"还有一件事，"苏珊提议说，"如果你在跟自己团队成员说话的时候也不看他们的眼睛，要当心，他们可能会感觉你对他们视若无睹，会觉得自己受到了贬低。如果这就是你想要的结果，我实在无法想象。"

半小时后，马克向管理团队介绍苏珊，他说："苏珊是个言行一致的人，她亲身实践自己宣扬的方法。我体会到了。她告诉我，我在眼神接触上做得不好，让人感觉也不好。所以，我会着手改进的。"在场的50多人都微笑着点点头。

很多细小的动作总在不经意间做出，它们与人的本性一样，是生命中不可或缺的构成。它们的出现并非刻意，而是人的某种潜意识的体现。

微行为专家通过观察和研究发现，喜欢嘴角上扬的人通常十分聪明、开朗，他们喜欢结交朋友，具有极强的包容性，通常不会记仇，总能在朋友需要帮助的时候伸出援助之手。

尤勇的母亲突然中风被送到医院急救，可是医院的患者太多，床位紧缺，尤勇的母亲被安置在医院走廊的临时床位上。

尤勇心急如焚，时不时询问大夫什么时候有床位，可是得到的回答总是"暂时没有"。尤勇在走廊里踱来踱去，一不小心撞到了一个医生，尤勇忙不迭地向医生道歉，对方扬起嘴角，轻轻地说了声

"没关系"，便走了过去。

尤勇并未看清医生的长相，可是那扬起的嘴角令尤勇印象深刻，他一下想起了自己的高中同学于小磊。尤勇清楚地记得，于小磊说话的时候就喜欢这样扬起嘴角，并因此受到很多女生的欢迎。有一次，在两个人发生了小小的摩擦之后，于小磊又扬起了嘴角，尤勇认为这是于小磊看不起自己，狠狠地把于小磊揍了一顿。从那以后，两个人直到毕业之后也没说过一句话，至今已经十多年了。后来听同学说于小磊考进了医科大学，现在已经是主任医师了。

想着想着，尤勇发现刚刚那个医生正站在母亲身边，观察母亲的病情。

"不认得我了，老同学？"医生转过头来，扬着嘴角对尤勇说。

"啊！你是于小磊？"尤勇有些不敢相信。

"我还以为你已经把我忘了呢。我可是永远都忘不了你的那顿暴揍啊。"于小磊轻松地说道。

"没想到能在这里遇到你。"尤勇显得非常尴尬。

"阿姨病得不轻啊，我尽快想办法给阿姨安排个床位，你别着急。"于小磊的嘴角又扬了起来。尤勇的眼圈红了，此刻他感受到的不是轻视，而是一种沉甸甸的宽容和理解。

在身体的诸多组成部分中，嘴是十分重要的。人们不仅需要用嘴说话，嘴上的某些动作也能反映一个人的性格，那些喜欢将嘴角扬起的人通常值得交往。

在与人沟通的过程中，我们常常会不经意地做出一些动作，这些动作仿佛天然形成，根本无法隐藏。一些表示友好、传递善意的动作其实也无须隐藏，因为它们是真情的流露，能让对方感受到我们的友善。

社交场合学救场，开言夺心才能破僵局

与人沟通时，经常会碰到一些意想不到的事情，这些事情往往让人陷入进退维谷的窘境，此时如果有人及时救场，帮助他人解围，便能化解尴尬，避免矛盾升级，甚至能化干戈为玉帛。救场要照顾矛盾双方的情感和面子，引导他们去理解彼此。同时，应该讲究一定的方法和技巧，不然很可能越帮越忙，越管越糟。

唯有打破冷场，方能解决危机

危机事件有四大特点：意料之外、传播迅速、极具破坏力、非常紧迫。危机事件如果得不到及时有效的处理和控制，将对企业或个人造成经济利益或者名誉形象的重大损失。

对企业而言，危机事件通常是因为产品质量、意外事故、客户关系冲突等引起的危及消费者利益的事件。近些年层出不穷的食品安全事件引发了逐渐升级的公众焦虑，给很多知名厂商带来了沉重的打击，有的企业被迫关闭，有的被购并，还有一些企业因为处理得及时妥当，部分挽回了企业的声誉，能够继续生存，从头再来。

相比于企业公共危机事件而言，个人的危机事件更具杀伤力，因为它聚焦于一个具体的人，不能转嫁，也不能逃离，处理的好坏直接影响到这个人是"死而复生"还是"遗臭万年"。调查表明，有90.5%的职场人遇到过职场危机，说现在已经到了"人人自责"的时代，一点儿也不过分。

最近发生的一件事让杨珊特别焦虑。杨珊的性格开朗大方，工作认真负责，无论是领导还是同事都对她评价不错。可几天前，她下班后正一个人埋头赶写一个投标技术文件，手机收到了一条母亲发来的短信：速给家里回个电话，有急事！她马上拿起手机给家里打电话，因为信号原因，通话中断了数次。心急之下，她跑到经理的办公桌前，用公司的座机给家里打了电话。

杨珊万万没有想到，人事总监夏姐正巧刚加班完，下班路过杨珊所在的办公区，听见杨珊正在用方言跟母亲商量弟弟结婚的事。因为公司一再强调不准用办公室电话打私人电话，杨珊抬头看见夏姐诧异的眼光，一时不知作何解释，尴尬地结束了通话。

次日上班，杨珊早早就等在了夏姐的办公室门口。见到夏姐，杨珊非常诚恳地对昨天私用公司电话的行为不漏细节的解释了前因后果，并反复表达了悔意和歉意。

平时夏姐就喜欢杨珊的可爱和机灵，但是作为人事总监，她看到员工违反公司规定，原则上是不能不处理的。好在杨珊问题处理得及时妥当，夏姐对杨珊说："杨珊呀，事情是一件小事，但是做人无小事，在职场上为人处世都是以小见大的呀！以后注意吧，别再因为这些事影响到了自己的前途啊！顺便说一句，我很喜欢你对'慎独'的感悟，如果你真的领悟了'慎独'的寓意，坏事就变成了好事，有这样积极的学习心态，相信你一定会越来越出色的。好了，没事了，工作去吧。"

危机事件是挑战，也是学习和成长的机会，处理好了反而会给你加分，关键是心态，另外还要学会表达。如果说平时不太会说话，还显得没那么重要的话，危急时刻就不一样了。会说话的人立刻会让别人先放下戒备，甚至扭转危机事件带来的负面看法，把经济损失或名誉损害降到最低。反之，不会说话和沟通的人就可能把危机放大，使小危机变成大危机，最后无法收拾，演变成职场悲剧。

危机有时候并来自外界，而是自身压力所致。当我们面对人生的不如意而烦恼苦闷，心中惆怅无处发泄的时候，也可以帮助自己化解危机，维护自己的内心秩序。这样既能使自己焦虑的心情得到缓解，又能避免与人言说的尴尬，可谓一石二鸟。

有时候职场危机确实是由于自我品行不正、态度不诚和行为不慎造成的，因为缺乏严格的自我约束力，抱有侥幸心理，从而导致了危机事件的发生。一旦因为自我失职而导致危机的发生，我们除了尽一切可能弥补损失之外，只能坦然接受和面对。

吉尔福经常迟到，有一天，老板忍无可忍地对他说："吉尔福，如果你再迟到一次，就准备收拾东西，回家吃自己吧！"吉尔福一想："没了饭碗可不行，一定不能再迟到了。"于是，连着好几天他都起得很早，也没迟到。

可吉尔福是个典型的"夜猫子"，没过几天他又睡过了头迟到了。吉尔福急匆匆地赶到办公室，只见里面每个人都在埋头苦干，悄然无声，就像暴风雨来临前般的宁静。一个同事朝他使了个眼色，示意他老板正在生气。果然，老板板着脸朝他走了过来，还没等老板开口，吉尔福突然笑容满面地用双手握住老板的手，恭敬地说："您好！我叫吉尔福，我是来这里应聘的。我知道五分钟之后这里有个职位空缺，我想我应该是来得最早的应聘者，希望我能捷足先登，为您效劳。"老板听了先是一愣，然后笑了起来，告诉吉尔福下不为例，然后回到了自己的办公室。

说到底，职场危机事件反映的正是一个人的修养，既然是"做人"的问题，那就要从"做人"的层面去解决。首先要端正态度，用真诚悔过的心态面对危机；其次要勇于承担责任，明确、果断地把责任揽在自己身上，不要找借口；最后是采取补救措施，及时有效地把损害降到最低。面对危机并不可怕，关键是要及时调整好自己的心态。

学会及时降温，化解言语冲突

作为一名职场人，或许由于对方刻薄的玩笑话，或是竞争对手的恶意攻击，难免会在办公室里遭遇一些不愉快，这时，一味地忍让只会让对方得寸进尺，正面回击则容易让矛盾激化。无论如何还击，就算你最后会胜利，但是为之付出的代价也会令你感觉不值或后悔。这时候，就需要第三者站出来化解矛盾，及时给冲突"降温"。

如果我们作为旁观者身陷尴尬的矛盾中，可以劝说其中一方，只要安抚了其中一方的情绪，另一方也会逐渐卸下防御，问题便能迎刃而解。而不停地强化矛盾点，只会让冲突不断升级，场面越来越尴尬。

一位早年毕业于某高等院校中文系、勤勤恳恳工作了几十年的老教师退休了，为此，学校为他和另一位曾多次荣获过"先进"的退休老同志一并举行了一个欢送会。领导对他们的工作和为人进行了热情洋溢而又非常得体的肯定和赞扬，相比之下，对那位曾多次荣获过"先进"的老同志的美誉尤其多。轮到两位受欢迎的退休老同志致答谢辞的时候，他们对大家的欢送做了深情的感谢，一时间，会场里充满了令人感动的温馨气氛。作为答谢，话本该说到这里为止，然而那位老教师并未就此打住，而由人们对另一位"先进"的赞扬中引起了感触，并做了颇为欠当的联想和发挥："说到先进，很遗憾，我从来也没有得过一次……"

　　话犹未尽，坐在他对面、平日与他相处得不很融洽的一位青年教师突然抢了话头："不，那是我们不好，不是你不配当先进，是怪我们没有提你的名。"一时间，会场中出现了令人难堪的尴尬气氛。

　　领导见势不对，马上接过话茬，想把气氛缓和一下，劝慰那位退休老教师，叫他对"先进"的问题不要在意，说没有评过先进不等于不够先进，先进不仅在名义，更要看事实。如此等等，但是他的话完全没有起到作用。

　　照理说，领导应避开"先进"这个敏感的话题转而谈论其他事情，然而他反反复复强调先进，等于是把本应避而不谈的话题做了重复和引申，使本已尴尬的局面显得更为尴尬。

　　在日常交际中，利益纠纷频发，双方相持不下，陷入僵局。这时候，就需要一位和事佬出面调解，方能化解冲突。

　　有两位同胞兄弟因遗产问题发生了纠纷，他们便把外地的大姐请回来做裁判，以求得财产的合理分配。大姐到达的当晚，亲自下厨为两位弟弟做饭。

　　在饭桌上，她见兄弟两个互不理睬，便叹了口气说："哎，如今经济条件好了，办一桌饭也不费力了。想你们小时候连鸡蛋也吃不上呢！有次见别人家的孩子吃鸡蛋，你俩就吵着也要吃。我没法子，就煮了一个洋山芋骗你们说是洋鸡蛋。你俩高兴得直拍手，一个说，弟弟你先来一口；一个说，哥哥你先来一口。"

　　说着说着，大姐眼圈红了，两位弟弟的心弦也被触动了，都不好意思起来，接下来再进行遗产分配自然就容易了。姐姐是聪明的人，她明白就事论事可能会使两人觉得不公平，于是便用回忆往事的方法，对其进行"润物无声"的感化，勾起了兄弟间的亲情，两人自然不会再在财产上斤斤计较了。

有时候，双方的矛盾处在僵化阶段，双方在心理上对对方已树起了一道对立的屏障，直言劝解不仅不能达到解决矛盾的目的，反而容易激起当事人的逆反心理，使矛盾更加激化。这时，调解者最好结合当事人双方过去的友谊、情感和亲密的状况，以回忆往事的方法唤起他们对往日情谊的感怀，从而感化他们，使他们在惭愧、不安与反思中化解矛盾。

在职场上，我们需要与各式各样的人打交道，也会面临各种突发状况，此时你可以巧妙运用幽默技巧有效应对。努力提高自己的素养，做一个幽默风趣的人，就能够为自己及他人营造出快乐和谐的工作环境。

聪明人从不把职场当成战场，而视它为"秀场"，因为很多时候，在繁杂的职场中做人比做事更重要。他们通常认为职场不仅是工作的地方，还是展示才华和修为的舞台。而善于运用幽默化解尴尬的人，既可以是同事之间的润滑剂，又可以轻松愉快地顺利完成自己的工作，所以不但不会树敌，还能广交朋友。

面对职场冲突，幽默会是你最结实的防弹衣。正如意味深长的省略号一样，幽默不是是或非的明确答案，它会给人留下思考的空间，使别人在谈笑声中辨明是非。在谈话间轻松化解矛盾，唯有幽默高手才能办到。

巧搭台阶，不失时机打圆场

在社交场合中，我们难免会遇到一些强势的人或者不明就里的事情，身陷尴尬的境地。若我们能为自己铺设一个台阶，便可以缓解紧张难堪的气氛，使交际活动正常进行。若为他人铺设一个台阶，既能收获对方的感激，又能增进彼此的关系。要达到这样的目的，不妨学几个巧搭台阶的技巧。

太直接的沟通方式不能奏效时，可以采用迂回战术，先肯定对方，等对方的心情好些后，再说出自己的意见。这种欲擒故纵的方法可以助我们赢得对方的信任和认同，消除对方的防备，使谈话顺顺利利地进行下去。

著名的足球评论人黄健翔有一次采访荷兰的球星古力特。一见面，古力特就对黄健翔说："不好意思，我从来没有接受记者采访的习惯。"当时黄健翔不知道该怎么办，场面一度非常尴尬。古力特转身要走，黄健翔连忙说："抱歉，我想您应该是误会我了，我这一次可不是来采访您的。"听了这话，古力特非常好奇，停下了往前走的脚步。黄健翔接着说："其实我这次来，是想把我最美好的祝愿送给您，并且给您带来了许多来自中国的信件，它们都是您的球迷写的，大致的意思可以用一句话概括：'祝您万事顺心。'"听到这番话，古力特非常感动，对黄健翔说："中国的广大球迷这样做，真的很令我感动。"

看到这样的情形，黄健翔知道谈话可以继续了，于是接着说：

"既然是这样，我能代表中国的广大球迷向您问几个问题吗？"古力特依然沉浸在感动中，所以爽快地答应了黄健翔的请求。

遭到拒绝后，黄健翔采用欲擒故纵的策略，首先告诉古力特自己不是来采访的，而是代表中国球迷向他表示祝愿并询问他几个问题的，最终获得了采访的机会。在生活中，被对方拒绝常常会让我们感到尴尬，如果被拒绝而不及时补救，会直接导致接下来的话题无法顺利进行，让对方接受自己的观点也将变得更加困难。欲擒故纵法比较适合害怕被对方拒绝的情况，甚至适用于被对方拒绝后的情况。这种沟通方式是站在对方的立场上赞同对方的观点，甚至可以跳过刚才谈论的话题，具有缓和气氛的效果，等对方的戒心消除后，再相机行事，实现自己的沟通目的。

许多时候，人与人之间产生了矛盾，双方谁都不肯相让，只是因为他们都想维护自己的面子和尊严。但是，假如任由他们这样耗下去，只会让情况越来越糟。此时就需要第三者来打圆场，让当事双方的面子和自尊都能得以维护。具体可以尝试以下几种方法。

1. 巧妙暗示

令人尴尬的事情总是突如其来，让人措手不及。他人陷入尴尬时，你可以通过巧妙暗示的方式打圆场，为对方解围。

几天前，郭先生和自己的爱人吵了起来，今天上午两个人才和好。可是郭先生的丈母娘不知道两个人已经和好了，她听说自己的女儿受了委屈，于是气势汹汹地来到郭先生的办公室，要找他理论一番。当着公司人的面，郭先生非常尴尬，但是想不到解决的办法。看到这种场景，办公室里的同事老吴连忙说："阿姨，您来的路上看到您的女儿了吗？她去超市给小郭买鸡去了，说是晚上要给小郭做鸡汤。"听了老吴的话，郭先生的丈母娘知道女儿和女婿已经和好，也就不好意思继续在办公室里兴师问罪了。

帮助他人打圆场要注意方式，"和事佬"最重要的是改善他人的关系，而不是火上浇油。用巧妙暗示的方法可以不动声色地达到打圆场的目的。

2. 帮别人找一个好理由

每个人都无法预知未来，随时都可能陷入窘境。当他人陷入窘境时，你及时站出来，帮他人找一个好理由，打好圆场，能避免他人颜面尽失。比如，你介绍两个朋友认识，约好拿着身份证一起去某个景区游玩。刚见面几分钟，一方突然提出离开，另一方则出现了不悦的神色。此时，你可以对另一方说："她这个人呀，丢三落四的，竟然把身份证忘家里了，家又那么远，一来一回天都黑了。这样吧，让她先回去，咱们两个去，来日方长，以后有机会你们再好好认识认识，这次算是打个照面，混个脸熟。"听了这话，因家中有急事突然要离去的一方自然会十分感激你，另一方也不会多计较。

3. 维护别人的面子和自尊

如果双方都不肯妥协，彼此已经产生矛盾，你不妨说几句话，巧妙地维护他们的面子和尊严。

小王的孩子和小赵的孩子打架，小王看不惯自己的孩子受委屈，于是数落了小赵的孩子。小赵刚好路过，听到小王正在数落自己的孩子，气不打一处来，非要小王给个说法，不然不肯罢休。两个人谁都不肯相让，都要为自己的孩子讨个公道。

看到两个人剑拔弩张的场景，小郭连忙走过来，对他们说："两位少安毋躁，这件事的来龙去脉我很清楚，因为我全看在眼里了。"说着，他对小赵说："本来只是两个孩子打架这点小事，小王数落您的孩子，是因为这个顽皮的家伙把人家孩子的眼睛都打肿了，现在还睁不开呢。您想啊，眼睛多重要啊，万一有个好歹，那可是一辈子的事。"然后，他又对小王说："小赵不明白怎么回事，听到您这么训斥他的孩子，能不愤怒吗？再说了，您刚才训斥的也确实有点过。当务之急是赶紧带着孩子去看眼睛，别耽误了治疗。"

听了这话，小赵连忙道歉，带着钱要为小王的孩子治眼睛。小王看到小赵并不是一个不讲理的人，觉得刚才不应该那么训斥一个小孩子，也向小赵道了歉。

打圆场时，应该维护好双方的面子和尊严，讲清楚其中的道理，可以各打五十大板，让他们意识到自己的错误。不过，此时他们正处于敏感期，所以帮人打圆场时一定要注意说话方式，尽量把话说得圆满一些，而不是胡乱评判，进一步激化他们的矛盾。

弥补言语过失，及时修复人际关系

在职场中，我们不可能做得事事正确，总会在有意无意间犯一些错误，比如因口误而得罪别人。尽管主观上我们不愿意这样，但客观上伤害已经造成了，这就需要我们立即弥补，修复双方的关系。

美国前总统罗纳德·威尔逊·里根有一次访问巴西时，身体十分疲乏，精力不集中，但也不得不按时参加当地的欢迎宴。

在欢迎宴上，里根不假思索地说道："女士们，先生们，我非常高兴能访问玻利维亚这个美丽的国家。"此言一出，场内顿时鸦雀无声，众人面面相觑。里根总统身边的人低声提醒他说："这里不是玻利维亚，是巴西，总统。"里根总统的陪同人员都紧张不安，不知该如何是好，手心里都捏着一把汗。而此时，里根淡定地说道："抱歉，我们前不久刚访问过玻利维亚。"然后接着自己的话题自然而然地讲了下去。

其实，里根此前根本就没有去过玻利维亚，可里根此举及时将自己的错误纠正了，在听众还没有反应过来的时候，他已经将自己的错误掩盖过去了，将听众的注意力引向自己接下来的滔滔宏论之中。

在人们的交际过程中，无论是普通人还是名人，都免不了发生言语失误。虽然个中原因有别，但它造成的后果是相似的：或贻笑大方，或纠纷四起，有时甚至不堪收拾。那么，我们如何在语言上做到令对方消除怨气，缓解紧张，解决矛盾呢？

1. 及时改口

历史上和现实中许多能说会道的名人，在失言时仍死守自己的城堡，因而惨败的情形不乏其例。

1976 年 10 月 6 日，在美国福特总统和卡特共同参加的、为总统竞选而举办的第二次辩论会上，福特对《纽约日报》的记者马克斯·佛朗肯关于波兰问题的采访做了"波兰并未受苏联控制"的回答，并说"苏联强权控制东欧的事实并不存在"。这一发言在辩论会上属明显的失误，当场遭到了记者的反驳。但反驳之初，佛朗肯的语气比较委婉，希望给福特以修正的机会。他说："问这一件事我还觉得不好意思，但是您的意思难道在肯定苏联没有把东欧化为其附庸国？"

福特如果当时明智，就应该承认自己失言并偃旗息鼓，然而他觉得自己身为一国总统，面对全国的电视观众认输绝非善策，于是继续坚持，结果一错再错，为那次即将到手的选举付出了沉重的代价。刊登这次电视辩论会的所有专栏、社论都纷纷对福特的失策做了报道。就连竞争对手卡特也乘机把这个问题再三提出，闹得天翻地覆。一句失言给福特造成了不可弥补的损失。

高明的辩论家在被对方击中要害时绝不会强词夺理，他们或点头微笑，或轻轻鼓掌。如此一来，观众或听众弄不清他葫芦里藏的什么药，有的人从这个方面理解，认为这是他们服从真理的良好风范；有的人从另一方面理解，又以为这是他们不屑辩解的豁达胸怀，而究竟他们认输与否尚是个未知的谜。这样的辩论家即使要说也能说得很巧，他们会向对方笑道："你讲得好极了！"

2. 顾左右而言他

某校某班在一次高考中数学和外语成绩突出，校长在总结会上这样说："数学考得好，是老师教得好；外语考得好，是学生基础好。"在座的英语老师听到如此有失偏颇的话顿时炸开了锅，安老师直接起身反驳："同一个班，师生条件基本相同。相同的条件产生了相同的结果，原是很自然的事，不公平地对待实在令人费解。原有的基础与之后的提高，有相互联系，不能设想某学生某一学科基础差反而能提高得快，也不能设想学生某一学科基础好而不需要良好的教学就能提高。校长对待老师的劳动不一视同仁，这不利于团结，这种说法太打击老师的积极性了。"

会场有人轻轻鼓掌，然后一阵沉默，而沉默似乎比掌声对校长更有压力和挑战意味。但是校长没有发怒，反而笑了起来，他说："大家都看到了吧，安老师能言善辩，真是好口才。很好，很好。"

尽管别人都猜不透校长说这话的真实意思，然而我们不得不佩服他的应变能力：他为自己铺了台阶，而且下得又快又好。听了上述回答后，无人再就此问题对校长跟踪追击。既要撤退，就不宜做任何辩解，辩解无异于作茧自缚，结果无法摆脱。

3.借题发挥

某中专学校在一次智力竞赛中，主持人问："三纲五常中的'三纲'指的是什么？"一名女生抢答道："臣为君纲，子为父纲，妻为夫纲。"恰好颠倒了三者的关系，引起哄堂大笑。当这名女生意识到答错后，索性将错就错，立刻大声说道："笑什么，解放这么多年了，封建的旧'三纲'早已不存在，我说的是新'三纲'。"主持人问："什么叫作新'三纲'？"她说："现在我国是人民当家做主，上级要为下级服务，领导者是人民的公仆，岂不是臣为君纲？当前独生子女是父母的小皇帝，家里大小事都依着他，岂不是子为父纲？在许多家庭中，妻子的权力远远超过了丈夫，'妻管严'比比皆是，岂不是妻为夫纲吗？"她的话音一落，场上掌声四起，大家都为她的言论创新叫绝，为她的应变能力叫好。

每个人都会犯错误，在说话上也一样，但只要挽救得巧妙及时，就不会造成严重的后果，甚至能够化腐朽为神奇。如果明知自己失言却还是强词夺理，这样只会给别人留下坏印象，甚至给自己带来麻烦。

及时纠正自己的错误，不仅能让人感到自己的诚恳，还能够给他人留下良好的、更深刻的印象。所以当我们说错话时，不妨勇敢地承认错误，并及时地改正自己的错误，相信大家都会欣然接受。当然，我们也应该训练自己减少紧张情绪，尽量避免失言。

用幽默化解他人的冷言冷语

职场中有很多这样的例子：你正兴高采烈地和同事聊你最近做一笔生意赚了大钱时，不料另一个人恰好过来说："别听他吹，他没有赔本就算万幸了。"你正在帮助同事修理电脑："原因可能在无线，要不就是显像管出了问题……"这时另一位同事走过来说："嘿，别让他修，他只会拆零件。前天我让他修一台电脑，结果越修越坏。"

哈佛大学语言学家塞德里克·博克斯告诫同学们，在对付"揭短"行为前，首先不要认为这个人在别有用心地挖苦你。在很多场合下，揭短只是朋友之间的玩笑话，若你比较敏感，仔细分析对方的话语，就会自寻烦恼了。其次是不要急于反唇相讥，若对方是个比较严肃的人，就会跟你生气，这样有损彼此间的友谊。最好的办法是将话题转移到一边，寻找到新的话题，或者用幽默的语言来回击他，这样既不失面子，又能保持风度。

汉弗尼·博加特与新认识的女朋友吹嘘："我最近在拍一部纪录片，上映后一定能取得不错的成绩，这可是我头一次做执行导演。"这时，他的好朋友拍了他一下，说："你这小子想做导演是不是想疯了，就不怕闪了你的舌头。姑娘您可别往心里去，他哪里是个执行导演，纯粹就是一个小场记。"

汉弗尼·博加特立即接过话说："小场记怎么了，现在哪个导演不是从场记做起的，要是不信你去问问著名导演史蒂文·索德伯格。"

汉弗尼·博加特幽默地回应了他的好朋友，不但没有伤害友谊，还成功化解了自己的尴尬。可见，面对"揭短"行为时一定要掌握技巧。面对别人的"揭短"，有时候会弄得十分尴尬。若默认了，就感觉自己很窝囊。这时，我们不妨用幽默的语言、夸张的表情来化解尴尬处境，同时还可以活跃气氛。

职场就是江湖，形形色色的人纵横其中，是非恩怨、你争我斗、优胜劣汰，永远纠葛不清，让人又爱又恨。在工作中遭遇他人的冷言冷语早已是司空见惯的事。问题是：当你被面对恶语攻击时，会用什么样的心态去应对。

张恒经常要面对客户的责备，有时候客户话说得很难听。一次，一位客户气冲冲地找上门来，冲着张恒嚷道："你这个大骗子！说什么你们的设备最先进、最耐用，结果3个月出了三次故障，现在又不能正常运行了，给我们造成了巨大损失，你们的产品太差了！就像你这个人一样，都是次品！"

听到这样的责骂，张恒心里虽然也不舒服，但他知道客户确实是太着急了。他马上迎上前去，温和地"接住"对方愤怒异常的情绪，开始化解。他说："真是对不起，让您闹心了，这个事儿我们确实做得不好，给你们添麻烦了。您先消消气儿，既然到我们这儿来了，咱们就好好商量一下该怎么解决，有您的监督，我们一定会更好更快地解决问题。"

待客户的情绪平和下来之后，张恒提出了初步的解决建议："我们这边已经就你们这套设备的故障问题召开了两次销售部、软件开发部和工程部的联合会诊，可能还需要到现场采集一些运行数据，因为这套设备的运行条件有些特殊，我们以前没有考虑到这么特殊的使用环境，所以还需要进一步的调式和校正，请您理解，并给予我们大力支持！不过您放心，我们会在今天之内拿出方案，并立即派人到现场，尽快解决问题。"一次激烈的客户上门投诉事件就这样圆满地化解了。

当发生误会、摩擦、矛盾时，缺少幽默感的人会把事情弄得越来越糟；若当事人具有一定的幽默感，就会机智而有分寸地指出对方的缺点，在微笑中表明自己的观点，误会就会消除，矛盾就会得到缓和。我们想要在社交活动中给人留下良好形象，最好的办法就是运用幽默。幽默的社交可以释放我们的紧张和重压，在沟通中，幽默的语言可以有效缓解人们之间的冲突和矛盾，使我们从容地摆脱沟通中可能遇到的困境。

冷言冷语带着令人不快的负能量，对听者而言，重要的是调整自己的心态，展示自己的素养，并动用自己内心积极正向的正能量化解迎面而来的负能量。如果是自己的问题，就主动承担责任，关注于事情本身，面向未来谋求解决问题的办法；如果清楚对方纯粹是为了讥讽、泄愤，就不要为之所动，淡然处之，或坦然地转身离去。

巧妙转移话题，摆脱沟通的尴尬

在职场中，有时与同事、商业伙伴在一起谈天论地，忽然触及一个大家都不愿深谈的问题，这时大家或闭口不言，或心有所忌。在这种情况下，中断谈话显然是不好的，我们可以另起炉灶，撇开原话题，重新提出一个新的话题。

当你不愿意答应别人的请求时，也不妨巧妙地转移话题，让对方意识到你是在故意拖延时间，对方便会知难而退。

哈佛大学商学院的毕业生克莱恩在美国某家知名房地产公司工作。一天，他去拜访福特汽车公司的老总艾伦·穆拉利，目的是想把一块地卖给他。

艾伦·穆拉利很有耐心地听完克莱恩的讲述，没有急于表态，而是拿出一些类似纤维的东西让克莱恩看，问道："你知道这是什么东西吗？"

"不知道。"克莱恩诚实地说道。

"告诉你吧，我正准备拿它做汽车的外壳。"接下来，艾伦·穆拉利开始讲述用这种材料做汽车外壳的好处，以及这种材料的来历。艾伦·穆拉利滔滔不绝地讲着，一讲就是半个小时，接着，他又讲到自己下半年要采取的汽车销售计划。艾伦·穆拉利说的这番话让克莱恩有些摸不着头脑，但碍于情面又不好意思让艾伦·穆拉利住口，只好认真地听下去。直到克莱恩离开时，艾伦·穆拉利才表达了拒绝出售那块地的意思。

后来，克莱恩才恍然大悟，明白了艾伦·穆拉利的用意。原来，艾伦·穆拉利为了避免说服与反说服的争论，巧妙地转移了话题，从而成功地拒绝了克莱恩的销售要求。

在人际交往中，当你不愿意直面别人提出的问题时，巧妙地转移话题是一种非常有效的拒绝方法。可以将话题转移到不着边际的地方或者对方身上，避免正面争论，让对方处于被动状态，从而改变对方的企图，达到拒绝的目的。

在职场交际中，谈话陷入尴尬的局面是不可避免的。为此，我们要及时地、有针对性地、有选择性地转移话题来化解尴尬。转移话题的时候要自然，这样对方才能接受你的话题，也可以在新的话题中适时插入旧的话题，让对方的思想和情绪比较连贯，这是一个灵活妥当的好办法。

哈佛大学著名的心理学家伯尔赫斯·斯金纳教授潜心研究多年，出版了一本关于心理学的书，颇受大家的好评。一天，某文学报的一位年轻记者去哈佛大学采访伯尔赫斯·斯金纳教授，让其谈谈写作的经验。伯尔赫斯·斯金纳教授不善言谈，自认为这本书只是一些浅谈，没什么写作经验。

眼看着采访就要陷入僵局，年轻记者抬起头来看见了他办公室阳台上放着几盆绿色植物，其中包括玫瑰花、大丽花及金盏花等。于是他说道："教授，这是您亲自栽培的吗？看得出来，您对绿色植物有一定的研究，您不知道，我对栽培技术一窍不通，基本上栽的花成活率很低。不如您传授一些栽培技术吧。""好的。"伯尔赫斯·斯金纳教授说。顿时，采访气氛变得融洽起来。

"小伙子，你过来看，玫瑰喜欢阳光充足、土壤疏松、通风良好的地方，定期还要松土、追肥等。"在谈话中，年轻记者非常仔细认真地倾听着，并做好笔记。伯尔赫斯·斯金纳教授越说越来劲，竟然滔滔不绝地说了一个小时。

这位年轻记者趁着斯金纳教授兴致高昂的时候，说道："教授，您看您对绿植真的很有研究，以后我一定要向您多请教。您大概还不知道吧，有一位崇拜者曾经这样评价您，说您是一个技艺高超的技术专家，同时还是一位英勇的科学家，敢于打破旧思想，提出新思想，脱离了古代的局限。您认为这个评价客观吗？"

斯金纳教授非常谦虚地说："首先我要感谢那个人对我的评价，不过真的没有说的那么夸张，我在写关于犯罪心理学的书的时候……"就这样，伯尔赫斯·斯金纳教授开始介绍自己的写作经验。

人们在对话的过程中，话题不会只有一个。因此，在不同的情况下适当地转换话题，是十分必要的事。

在一次总统答谢宴会上，卢森堡首相梅努奇带着自己国家的访问团来到宴会大厅，互相致辞后，双方就座。这时，美国总统威尔逊来到他的身边，寒暄一阵后，总统接着以前的话题说："关于食品运输和价格问题，相信阁下已经有所注意了吧？"

梅努奇这次组织访问团来到美国，就是准备进口一些国内奇缺的食品，但双方代表在谈判此问题时一直未能达成协议，原因是美国以势压人，将食品价格抬得奇高，这样加上运输费，运进国内后食品的价格就会高得惊人。此时，梅努奇首相微笑着说："总统先生，真是十分感谢您的盛情招待，我及我的随行人员将会为贵国的热忱而感动。"梅努奇不愿再谈食品问题，如果不回答又有失外交礼节，于是他把话题转移到感谢总统的热情招待上，使威尔逊不便进一步询问，也避免了不快的场面。

有的话题转换十分随意，由交谈者的兴趣来定，话随意至，意随话兴，话题自然变换，漫无目的；有的是有意转换，交谈者为了控制交谈方向，以一定的方法改变主题；有的是交谈中出现了困境，为了改变这种情况，以机智的语言转移话题，摆脱尴尬。不论是哪种情况，都是交际中经常遇到的，必须加以注意。那么，在哪种情况下要有意转换话题呢？

一般来说，会谈出现冷场时要转移话题；谈话内容枯竭，或过于高深，无法继续下去时要改变话题；交谈中有人失言或出现意外的尴尬局面时为掩饰而转变话题；产生了不同意见，而又不便争论或不必争论或不想争论时，你可以选择另一个话题。

另外，原话题无实际意义，甚至有些低级，或者有可能伤及他人时，应该改变话题；交谈的对方对此话题不感兴趣，甚至出现了厌恶情绪，或者对方发泄不满时，应及时改变话题；如果话题触及他人隐私、忌讳时要停止谈论，转移到别的事情上去；代表公司洽谈一桩生意，双方因某一个问题僵持不下时，可以转变话题。如此种种，都需要机智应变。

EFFICIENT COMMUNICATION

第八章

**面试中获好感，听言辨
心才能顺利过关**

生活中离不开推销，比如推销货物、推销一种计划。当我们参加面试时，则是在推销自己。面试时，我们会在意自己的容貌、举止和服装，这些固然重要，但我们还应该重视自己的谈吐。有经验的招聘者可以从求职者的谈吐中判断其能否胜任这个工作。因此，掌握面试的语言技巧对求职者大有益处。

面试开始的前三分钟定胜负

　　面试中有一条"潜规则"，那就是开头三分钟定胜负，所以求职者一定要重视面试的开头三分钟，尽量表现得体，给面试官留下良好的第一印象。要想在面试开始的前三分钟表现出色，离不开面试前的精心准备。

　　1. 带上个人简历和饱满的热情。

　　2. 参加面试特别要注意遵守时间，一般要提前到达，不要迟到。按时到达才能表现出求职的诚意，给用人单位信任感。

　　3. 到达面试地点要主动道明来意，告知接待员你是来应聘的，以便做出安排。应对所有职员保持礼貌，要知道，他们可能成为你的同事。

　　4. 寒暄和问候是至关重要的开场白，你的一句寒暄不仅能够缓和紧张的气氛，还能拉近打破和面试官初次见面的生疏感。

　　面试中的"三分钟原则"最重要的部分就是求职者的自我介绍，如果在这个环节出现问题，不仅会影响面试官对你的第一印象，还会影响到之后的回答环节，关系到面试食物成败。因此，面试者一定要坚定信心，努力稳定情绪，准确把握自己的特长和优势，用简短却能给人强烈印象的语言做自我介绍。走进面试场所时，你应尽量放松自己，表情自然，面带微笑，给人真诚、亲切的印象。

　　一般情况下，面试官都会说一些客气话作为面试的开场，如

"欢迎你应聘我们公司"。听到这句话，你可以微笑着点头致意，也可以说声"谢谢"，但是在面试官没有请你就座之前，不要急于坐下。面试官说"请坐"之后，你再坐下，挺直身子，目光注视着面试官。这时候，面试官会很快切入正题："请你简单介绍一下你自己。"这是每个应聘者都应精心准备的内容，好的开始是成功的一半，那么怎样才能做一个好的自我介绍呢？

哈佛大学就业指导处主任给即将毕业的学生做指导，教他们如何自我介绍，并举了一个案例。

一位求职者在面试的时候，是这样自我介绍的："尊敬的各位考官，我非常荣幸进入面试，我叫汉弗莱·博加特，现年28岁，哈佛大学本科毕业。性格活泼开朗，和亲人朋友相处融洽。我曾经在美国某咨询公司工作，先后在不同的岗位工作过，开始我从事最底层的客服工作，随后因公司发展需要到日本的分公司工作，有了一定的社会经验，在工作上取得了一些成绩，并且得到了公司的认可。通过几年的工作我学到了很多知识，同时这些工作经历也培养了我坚忍的意志和顽强拼搏的精神，使我能够在工作中不断地克服困难、积极进取。假如我通过了面试，成为一名优秀的咨询师，我将不断提高自己，努力工作，竭尽全力贡献自己的力量。"汉弗莱做了非常精炼的自我介绍，给面试官留下了深刻的印象。几天后，汉弗莱接到了公司的聘用书。

面试中的自我介绍只有短短两三分钟，内容上应该包括自身经历、优点长处、特殊技能、突出成就、专业知识、学术背景等，但是一切还是与该公司有关的好。面试自我介绍有一点必须谨记：话题所到之处，必须突出自己能够对该公司做什么。

有一点需要注意，介绍自己的成绩时，要既巧妙地表露出自己的能力，又不显示出自我吹嘘的痕迹，给人自信、谦逊、不卑不亢的印象。关于这一点，求职者在应聘前的准备过程中要注意把握好分寸。

一家公司对应聘者最感兴趣的是现在的你是什么样的，同时也希望将来的你能为公司创造尽可能多的财富，而将来的你是基于你的历史和现状的，所以认清自我很重要。应聘者应该非常清晰地认清以下三个问题：你过去是干什么的？你现在是干什么的？你将来要干什么？这三个问题的时间顺序是从现在到将来再到过去，而不是从过去到现在再到将来。

第一个问题：你是干什么的？要想正确地表述这个问题，需要注意以下几个要点：你是你自己，不是别的什么人。除非你把自己与别人区别开来，在共同点的基础上更强调不同点，否则你绝不可能在众多的求职者中胜出。自我认识是求职的第一步，对这个问题，自我反省越深，面试官对你的现状就了解得越透彻。

第二个问题：你将来要干什么？如果你申请的是一份举足轻重的工作，面试官肯定很关注你对未来的职业规划。你的回答要具体、合理，并符合你现在的身份，最好还要能够让人耳目一新。

第三个问题：你过去是干什么的？在回答这个问题的时候，一定要注意：不要描述一个与你的将来毫不相干的过去。如果你中途跳到另外一个行业，就要在你的执着、职业目标的连续性上下些功夫。对自己过去的描述尽可能做到忠实于事实和本人，最简单的方法是找到过去与现在的联系点，收集过去的资料，再按主次排列。以现在为出发点，以将来为目标，以过去为证实，面试自我介绍用这样的方法能够加深你的自我分析和理解。

自我介绍是向用人单位展示自我的重要机会，虽然你的求职信和个人材料面试官已看过，但自我介绍则是面试不可缺少的环节，面试官可以通过它考察你的口才和性格特质。

从面试礼仪的角度看，在交谈中，面试者不要打断面试官的话，这种行为会显出你急躁的内心，而且很容易打断或干扰面试官说话的思路，误解面试官的意思，这都是失礼的行为。对面试官的提问应予以重视，听清楚问题后再回答，不能未经考虑就脱口而出，答非所问。设计你的面试开头 3 分钟，用这短短的 3 分钟，成功虏获面试官的心吧。

掌握技巧，电话面试不可怕

因为时间和空间受限，电话面试逐渐兴起，成为新兴的面试形式。在收到求职者的简历之后，为了在面试前做进一步筛选，越来越多的公司用电话沟通的形式进行首轮面试。很多申请留学的学生也会被校方要求以电话进行沟通的形式进行首轮面试，以确定申请者是否有能力申请所选的院校和专业。

电话面试因为更为新颖，给求职者或者求学者造成的压力和影响也会更大一些。如果你希望你的经验与技术能够为你带来一次面对面的面试机会，那么你就有必要排除准备不充分、在电话中表现无礼等会阻碍你获得面试机会的因素。

塞缪有过两次申请美国金融工程研究生的电话面试经验。他第一个电话面试的学校是加州大学洛杉矶分校。面试一开始，面试官和塞缪进行了简单的寒暄。初步交谈后，面试官以玩笑的口气聊了一些日常生活，比如学校的最新变化。聊得正起劲的时候，面试官突然问塞缪："你对目前的金融形势有什么看法？"因为没有准备，塞缪有点慌乱。

第二个面试的是加州大学伯克利分校，这次面试的难度很大，塞缪觉得这更像一次电话考试。面试官的英语有很重的法国口音。寒暄几句后，对方就问："你笔和纸准备好了吗？"塞缪说准备好了，可事实上他什么也没有准备，于是一边听着面试官出的题目，一边手忙脚乱地找纸笔，导致前面的好几道题目都没有答对。

结果，塞缪的两次电话面试都失败了，面试官认为塞缪对所申请的专业了解太少。

很显然，塞缪电话面试失败，是因为他的准备不够充分。当然，对于电话面试，我们不仅要有充分的准备，还要掌握一些技巧。这些技巧看上去很简单，但是有助于使你头脑清醒，并提醒你在电话面试中什么是该做的，什么是不该做的。

技巧 1：安静的环境

电话面试最重要的是要确保安静，这样你就不会被弄得心绪不宁或被打断。比如，如果你在家里接受面试，就需要争取到家人的支持，让你占用电话并且在你面试的时候不会被打搅。把宠物都放到门外面去，并且关上你房间的门。最重要的一点是，保持电话通畅。

技巧 2：清楚的声音

电话面试只能用语言来交流，所以说话一定要清楚，不要说得太急。感到紧张是很自然的，但是要试着让自己慢慢放松。如果你说得太急，面试官会很难听懂你的意思。如果你感到很紧张，而且在说某些话时无法继续下去，最好停下来深深地吸一口气，然后说："对不起，请让我再来一次。"面试官都有做人力资源的基本素质，没有人会因为这些细微的紧张就给你下定论。

技巧3：必备的工具

电话面试的时候，应在手边放一支钢笔和一张纸。因为在电话面试时，你随时都可能会用到它们，而且触手可及的纸笔可以在一定程度上帮助你缓解紧张的情绪。另外，可以把简历放在正前方，准备一份你要问面试官的问题的清单，以及一份你所掌握的技术的列表。

技巧4：思考过的答案

在电话面试中，面试官除了要考察你的专业知识之外，还要考察你的表达能力。所以不要急于回答对方提出的问题，而是应在回答之前你花一点时间思考，但是因为面试官不能看见你，所以你需要给他一些口头暗示，比如，"我希望能够给你一个完整的答案，请给我一点时间来整理一下我的思路。"

技巧5：真诚地感谢

面试礼仪在电话面试中同样适用，千万不要忘记在面试结束时感谢面试官。如果连句感谢的话都不说，会让面试官觉得你缺乏基本的礼貌。此外，你还要保证面试官有你正确的电话号码，以便在接下来的几个星期里他能找到你。

有时候电话面试结束后，还需要写一份关于面试的简短的感谢信。如果你打算写一封电子邮件，就必须在一小时内发出，如果是发普通信件,那么在这一天之内就可以了。在你的感谢信里面,要重申你对占用了面试官时间的感激,同时也可以补充一下面试中没有答好的问题。如果你发现在面试的时候你有一个很重要的经历没有提到,那就可以在感谢信中做精简的补充。

电话面试在找工作时可能是一种挑战,特别是对那些没有经历过电话面试的求职者或求学者而言。但无论是哪种形式,只要你的准备足够充分,保持平稳沉着的心态,在电话中对方也会被你的能力和才华所折服。

面试的"关键点"藏在岗位要求中

在面试中我们经常看到不少求职者技巧一大堆,在面试中也足够积极主动,然而依旧被企业无情地拒绝。症结在哪里呢?这是因为在常规面试中,很多面试技巧都有针对性,不可千篇一律地套用。

针对不同的岗位和不同的求职者,面试官的提问侧重点各有不同。特别是应聘技术类职位、中高层管理者的求职者,只有根据岗位要求结合自身的经验才能找出面试的"关键点",有的放矢即为上策。以技术类职位、中高层管理者的求职者为例,看看如何根据岗位要求找出面试成功的关键所在。

马西先生是某 IT 公司的技术面试官,在最近的"IT/电子/通信行业"专场招聘会上,他面试一位应聘软件工程师的求职者。马西问道:"你是否接触过这类大型机的研发工作,有怎样的工作计划?"求职者回答道:"对不起,我之前做过一段时间的保险行业软件研发,但我并没有接触过大型机的研发工作。贵公司在这一行业很有实力,我想加入贵公司就是想对金融行业的软件开发有进一步的了解。我相信以我的学习能力和技术水平，应该能很快上手。"马西和他的同事对这位求职者的真诚、自信和他良好的技术背景颇为满意，最终决定录用这位求职者。

通常，技术岗位除了必要的专业技术能力外，最重视应聘者的诚信和踏实。无论是 IT 电子行业，还是机械制造业，技术类岗位一直在求职市场上占据着较大的比重。企业普遍表示，虽然求职者很多，但要想找到完全符合技术岗位要求的专业人才却很难。因此，一般情况下，只要是符合企业精神、有良好专业背景的，即使没有百分之百符合的技术经验，也会考虑给予机会。这时候，求职者是否诚实可信就成了决定面试成败的重要因素。

相比之下，有些求职者却对自己不甚了解的技术含糊其辞，企图蒙混过关，结果自然不理想。其实在技术方面，术业有专攻，每个人都会有不懂的地方，都需要不断地学习，所以进入公司后会有几个月的上岗培训期，求职者不需要太过担忧。求职者要做的是保证基础专业技能符合条件，对不懂的问题不要遮遮掩掩，在面试过程中可以把话题引向自己熟悉的领域，目的是展现你的表达能力、学习能力和应变能力。

中层管理者的招聘一直是企业头疼的问题，由于是重要岗位，企业格外重视，面试也会更严格、全面一些。求职者虽然有备而来，但大多只是抓住了表层技巧，而忽视了展现自己对行业大局观的把控能力。中高层会参与企业发展决策、规划企业发展方向等重要工作，他们对行业整体结构、行业特性与现状、行业发展趋势、行业资源以及市场趋势预测等方面的把握能力至关重要。

某四星级酒店一位 20 多岁的年轻面试官正在面试一位四十多岁的求职者，该求职者有 15 年的酒店管理经验，应聘的职位是餐饮部经理。面试官说："目前我们酒店正在装修，预计下个月正式营业。若你担当餐饮部经理，目前你会安排哪些工作？给予哪些建议？"求职者答道："招聘部门员工、进行员工培训等。""我的意思是你对餐饮部门的设置、各楼层的餐饮特色定位、客户需求方面的总体规划是什么。"面试官提醒道。求职者为难地答道："这个……很复杂了，我会做些市场调查。你要让我说具体的设置，这个我不能现在就给你成套的方案。而且你又不是专门搞这个的，就算和你说了你也不明白。"可想而知，这名求职者没有通过面试。

针对高管的面试，面试官的侧重点在于求职者能否结合企业现状和市场竞争情况给予战略性的建议并附上操作性强的方案。但是很多求职者的回答含糊不清，因此很难让面试官测试出求职者的真实水平，上述案例中的求职者就犯了这样的错误。而且，他的最后一句话中充满了对面试官的轻视与不屑，是无礼的一种表现。总的来说，应聘中层管理的求职者应该在面试前和面试中做到以下几点。

1. 锻炼自己的表达能力。很多时候，不是求职者没有才华，而是自己没有表达出来。不少有经验的中高级人才拥有行业经验和想法，然而他们总觉得问题涉及面太广，不适合在十几分钟的面试过程中表达出来。就像上面这位面试者，觉得提问"大而全"，所以很难在较短时间内给出具体的操作方案。其实，面试官考察的是思路，而不是具体的步骤，这类问题关键是说思路、说框架，不一定要具体到操作细节。

2. 做好行业研究。应聘企业中高层管理者的求职者，不应只专注于面试技巧的研究，更需要把握行业的整体情况，了解行业的最新动态。在激烈的市场竞争中，企业要招聘的不仅是一位有经验的执行者，还要是有判断力、决策力的人才。遇到这类提问，求职者应积极表现出行业眼光和专业性。

3. 尊重面试官。应聘中高级管理者的求职者一般年龄会大一些，而面试官有时候会很年轻。当面试双方年龄相差悬殊，且面试官又不懂专业技术时，求职者很容易产生"鄙视"或"不屑"的心态，甚至当场指出面试官问题中的"纰漏"，不给面试官以应有的尊重，这样的面试只能不欢而散。

以上两类人才的面试只是一个参考，不同行业不同职位的"关键点"考核都是不一样的。比如"总经理助理"类高管助理职位，面试成功的关键点在于处理具体问题的能力以及突发事件的应对能力等。求职者在面试之前一定要充分了解自己的优劣势、仔细研究岗位要求、准备好可实施的方案，相信心仪的工作就在不远处等你。

面试中的突发状况都有可能是测试

面试是现场直播，没有事先的彩排，所以面对面试时的突发状况，许多职场新人不知道怎么处理。其实这些突发状况并非只有应届生才会碰到，我们不必过分担心。

一般说来，面试的方式和涉及的问题会有一些共性的东西，但是由于应聘岗位以及企业性质的不同，单位需要人才的规格要求也有所不同，所以呈现出来的表象也各有不同。面试时，面试官常常会采取一些另类的方式，用一些出乎意料的问题考察求职者。有时候，这些考察看起来并不是面试的组成部分，但它又的的确确影响着面试的最终结果。

岳阳是人事管理学硕士，毕业后在一家创业公司当过一段时间的人事经理。最近他投了简历给一家很有发展前景的公司，两天就收到了这家公司的面试邀约电话。正在岳阳为面试做精心准备的时候，收到了这家公司的第二通电话。说公司周日有一场与兄弟公司的足球比赛，他们从岳阳的简历中得知他擅长足球，请他代表公司参加比赛。

这样一个难得的表现机会，岳阳自然满口答应，欣然前往，并踢了一场漂亮的足球赛。面试那天，总经理亲自面试，开门见山地对岳阳说："你已经通过面试了。"总经理接着说："在那次足球赛场上，我就对你做了面试。在比赛中你注意团队合作，尽可能把队友的情绪都调动起来，具备人事经理的基本素质。而且在败局已定的情况下你还是奋力争取，这种坚持不懈的精神是我们公司极为看重的。"

岳阳事先并不知道企业会以足球比赛的形式考察自己，即使知道是以这种形式，他也不可能洞悉企业究竟考察的是哪一点。求职中突发事件都有可能是测试，这种测试可能会出其不意，根本没有机会去准备，考察的完全是求职者的真实状况。在这种情况下，求职者应该心态淡然，不要费尽心机去揣摩用人单位的用意，只需要尽自己最大的努力展现自己最真实的一面即可。

在面试中，有时候会遇到多名面试官一起面试的情况，给求职者带来了不小的压力，甚至其中一个或几个面试官会"专心"地伏案书写，对求职者熟视无睹，令求职者尴尬不已，手足无措。面对这种突发情况，我们该怎么办呢？

魏然是一名刚毕业的大学生，前不久他就经历了这样一场奇怪的面试。有两个面试官，一个人提问，而另一个一言不发，一直在伏案书写。初出茅庐的小刚不知道应该怎样面对这种情况，一方面，对面的两个面试官给他带来了很大的心理压力；另一方面，那名一直没有说话，甚至没有看他的面试官让他觉得非常奇怪和紧张，总是忍不住想自己是不是哪个细节没有做好，无意中得罪了对方。结果，在面试过程中，魏然有好几次都因为紧张而说不下去，即使勉强继续下去，也说得磕磕绊绊、不清不楚。

对置身局外的面试官，有两种可能的解释。一种是，有意这样设计来观察求职者的反应；另一种是这种安排是无意的，伏案书写者对面试的重要性缺乏认识，也许他只是在最后一刻被安排到考场，他还有面试之外的工作要做，想抓紧时间两者兼顾。求职者对这位面试官的任何反应都可能做出两种相反的解释：如果你直接与他交谈，让他停止笔头工作，那么既可以解释为有信心，也可以解释为自大；如果你不同他交谈，则既可解释为善解人意，也有可能被认为是胆怯和懦弱。

权衡之下，最好的选择就是也跟这位面试官交流，但语气要尽量谦虚和善，让人一看就知道这不是一个骄傲的人，而且能够显示出对面试官的关注和尊重。

面试过程充满着不确定因素，所以求职者一定要注意细节，凡事多想一步，切不可把面试局限在常规的问题和流程中。

刚从大学毕业的叶岚去一家广告公司应聘秘书一职，总经理亲自面试。叶岚顺利通过了几轮测试，总经理看起来对叶岚颇为赏识。这时，总经理接了一个电话，便对叶岚说："我有事出去一下，请你稍等。"谁知道，总经理这一去就是半个多小时，叶岚有些不耐烦，但她很快稳定了自己的情绪，从口袋里拿出一本事先准备的英语杂志认真看了起来，连总经理进来了都不知道。总经理高兴地通知她："你明天来上班吧。"原来这段时间，总经理一直在另一间监控室观察她。事实证明，叶岚的行为符合一个秘书的要求，所以最终录用了她。

面试中，当主考官中途借故退场，你一定要警惕，千万不能左顾右盼，更不能显示出不耐烦的样子。正确的应对方法是：如果室内有报纸，可以拿来看一看，或自己预先准备书籍杂志。

很多时候，应聘者会遇到自己没法控制的意外状况导致迟到。当预见到自己有可能迟到的时候，应该提前给公司打电话致歉，并表示自己会尽快赶到。还要简单说明一下迟到的原因，可以说今天家里有事情延误了时间，或者堵车、地铁故障等，切忌说自己出门晚了或者之前有一场面试拖延了时间，这样会给人感觉你不重视他们的面试。如果迟到时间较长，建议第一个电话后的 10 ~ 15 分钟再给公司打一个电话，抵达前 5 分钟内再给公司打一个电话，让公司感到你的诚意。

总之，面对迟到要学会调整心态，不要总想着"这下完了"，更不要打道回府，放弃面试。迟到并不代表失败，只要对方没有下班，多晚都应该赶过去。抵达后的第一件事就是当面再解释一下原因并致歉，相信大多数公司都会给予谅解。要记住，不放弃一线希望，成功就不会放弃你。

　　面试中的突发状况都有可能是测试，不论这个突发状况是来自用人公司的有意设计，还是意外。即使如此，求职者也不必惊慌，一定要对自己有信心，充分的面试前准备和淡定从容的心态是应对面试突发状况比较行之有效的办法。突发状况无处不在，成功的机遇往往在于机敏地应对。

在面试中尽力而为，但要做真实的自己

　　面试是求职者和面试官面对面互相了解的过程，同样也是一个双向选择的过程。将一个精心包装又完全走样的自己呈现在对方面前，或许会侥幸成功。但是，日后用人公司会失望地发现，你并不是他们需要的人，而你也可能对自己的工作感到不甚理想。被想去的公司拒绝并不是件坏事，这说明目前的你不适合他们的岗位，而你也有机会重新思考和选择。所以在面试中应尽力而为，但是要做真实的自己。

　　何君参加一家信息公司的面试，面试官觉得何君的谈吐言行过于拘谨，便问她："你觉得自己面试中存在的最大困难是什么？"何君很坦白地说："面试中总是回忆各种面试技巧，生怕自己有疏漏。"面试官说："我做人力资源工作很长时间了，对同一个问题，不同面试者的回答都十分类似或完全一致，我们一听就知道是套路，这样的面试显然是不能过关的。但是你很坦诚，所以决定给你一个机会。"

很多求职者都会在求职之前搜罗大量的面试技巧，并把这些技巧运用到面试中，但往往事与愿违。因为他们明明有些紧张，却仍然要摆出一张近乎僵硬的笑脸，根本没有很好地把自己表现出来。而面试官因为接待过太多求职者，对千篇一律的回应会有乏味、枯燥之感，这也是大部分求职者以失败告终的原因。只有具有独到的个人见地和个人特点的回答，才会引起对方的兴趣和注意。

用人公司招聘求职者时，对求职者的素质要求应该说是各有所求、不尽相同的，但是其中有一条是每个单位一致看重的，那就是诚实守信的品德。这就要求我们在临场回答时一定要知之为知之，不知为不知。

陈赞是一名金融专业的毕业生，对自己的专业非常热爱，希望能进银行系统工作，参加过很多场面试，他的体会是：诚实面对自己的优缺点，紧扣专业优势。因为一般的介绍在简历上已经有了，面试官不会太感兴趣，所以更要主动突出介绍自己的性格和专业等优势。

在面试中，陈赞没有过分渲染自己的社会工作成果，也没有拔高自己的成绩水平，而是就自己擅长和熟悉的专业领域，跟面试官交流。另外，面试前，陈赞会对银行业务和所应聘岗位的现状进行了解，也对银行业的专业知识做了精心准备。

但是求职者准备得再好，也不可能预知面试官要问的所有问题。陈赞面试时，面试官抛出了一个专业上的问题，而陈赞偏偏不记得那个知识点。当时，他坦诚地回答："对不起，我学过，但忘记了。"面试官对他一笑，没有停顿，也没有责怪。结束面试后的第二天，陈赞收到了银行的通知入职的电话。

很多求职者认为完美的表现才能求职成功，因此面试时要表现得圆滑老练些，不知道的千万不能说不知道。其实我们大可不必这样做，面试并没有我们想象中的那样恐怖、刁钻。虽然面试官有的严肃，有的慈祥，但他们都是本着录取合适人员的态度来的，只要你如实发挥水平就可以了。这和买商品一样，如果有个推销员把一件商品说得天花乱坠，你还敢买吗？

很多求职者对公司和应聘职位怀有极大的热忱，同时，求职者认为他已经对面试做了充分的准备。他对公司和公司的战略进行了认真的研究，并融合了自己的经历和职业目标。他一腔热情，但是他没有考虑到一点是：一个激进的演说会对面试官产生什么样的影响。

从面试官的角度来看，这样的求职者会显得有些傲慢、专横、自以为是。作为求职者，他并不想听一听面试官的反映，而是将双向式的交流变成了单方面的演说。其实，他的初衷是想给面试官留下一个难忘的印象，但过分推销自己只会适得其反。

求职者在面试中不该过分推销自己，当然也不能表现得太过谦虚，而应实事求是，有多少才能、能否胜任应聘的职位以及其他工作，都应如实地表达出来。

谭芳去一家中德合资公司应聘企划助理一职，经过层层选拔，最后只剩下谭芳和另一位男性求职者。经理是瑞典人，他在与这两位求职者的闲聊中，极为随便地问了三句话："会打台球吗？"男的说："会。"谭芳答道："打得不好。"其实她是个远近闻名的台球选手。经理再问："厨房里有的是蔬菜，你俩能不能给我做几样拿手好菜，我这人不挑剔。"男的说："没问题。"谭芳腼腆地说："做得不好。"其实她的烹调技术几乎能赶得上专业的厨师。经理又问："给你俩一部小轿车，限一星期的时间内，有没有把握学会驾驶这辆小汽车？"男的说："有。"谭芳说："试试吧。"其实她学开车已经有一段时间了。最终，谭芳没有面试成功，因为经理觉得她缺乏自信。

在求职过程中，如果招聘人员是中国人，他们或许会理解求职者的谦虚心理。但是过于谦虚客气，在外国人眼里肯定是行不通的。表现过头，会让面试官产生厌烦的感觉，认为求职者不稳重，自高自大；而过分谦虚，又会让面试官觉得求职者缺乏自信，或者没有能力。总体来说，求职者一定要展现出自己最好的一面，但是切记要把握自我推销的分寸。

就外企招聘员工而言，他们需要的是自信、有才能，可以胜任所应聘的职位，并能为公司创造利润的人，不可能招人到公司去学技术。因此，求职者应聘外企一定要充满自信，充分地展示自己的才能，表现真实的自己，这样才能取得面试官的信任，实现自己求职就业的愿望。

巧妙回应面试官的陷阱问题

面试官在面试中经常采用的一个基本策略，就是尽量让求职者多讲话，目的在于多了解求职者在书面材料中没有反映的情况。面试官在谈话中故设陷阱，这种场面通常会出现在面试中。这时，能否听出面试官的"言外之意"，判断出哪些属于"陷阱问题"，就是考验求职者应变能力的时候了。

陷阱问题是面试官故意设下的圈套，以声东击西方式来判断求职者的性格、能力，如何才能既巧妙回答又不失礼貌，是回答这类问题的难点。而这当中，有一个最基本的问题经常会被问到，那就是"你的优点和缺点是什么？"这是一个非常容易回答但是很难回答好的问题。回答得好，会给对方留下深刻的印象；回答得不好，则可能面试失败。

在面试过程中，很多求职者面对考官提到的自身缺点这一问题，往往不愿谈及，怕说出了自己的缺点会导致应聘失败。如果遇到这样的问题，最好的办法就是坦然地承认它。有缺点并不可怕，因为每个人都有缺点，坦然承认会让考官感受到你的诚实，而且大多数情况下，对方还会欣赏你敢于承认并说出自己缺点的勇气。

下面是美国某公司在哈佛大学商学院招聘部门经理时的一段对话：

面试官：你这么年轻，觉得自己胜任这项工作的优势在哪里呢？

应聘者：我已经24岁了。尽管我没有相关的工作经验，但我有两年的领导校学生会的工作经验。2008年，我被推选为哈佛大学该年度的校学生会主席，之后又连任一年。您可以想象，管理两千多名学生并非易事，没有一定的工作经验和管理能力是无法胜任的。所以我认为，年龄固然能说明一定的问题，但是个人的素质和能力更为重要，因为这正是一个部门经理所不可缺少的。

面试官：非常好，我很满意你的回答。我这边跟人事部再沟通下，一个礼拜之内，我会打电话通知你。

应聘者：好的，非常感谢您给了我这次面试的机会，再见。

这就是一种典型的扬长避短的回答，答者大肆宣扬自己的长处，并把自己的长处同应聘的工作有效地结合起来，变不利为有利。

在工作上，缺点和优点是相对的，有时缺点对某些工作来说恰恰是优点。对于那些有缺点的人来讲，坦然承认，并懂得采用迂回之术，扬长避短，暗中体现出自己的能力，这是一种很实用的策略。

郑丽萍是某财经学院管理系的高才生，但是因相貌欠佳，找工作时总过不了面试关。经历了一次又一次的打击，郑丽萍几乎不相信所有的招聘渠道，她决定主动上门，专挑大公司推销自己。她走进一家化妆品公司，面对老总，从一些国际知名化妆品公司的成功之道说到国产品牌的推销妙招，侃侃道来，逻辑缜密。这位老总很兴奋，亲切地说："郑小姐，恕我直言，化妆品广告很大程度上是美人的广告——外观很重要。"

郑小姐毫不自惭，迎着老总的目光大胆进言："美人可以说这张脸是用了你们的面霜的结果，丑女则可以说这张脸是没有用你们的面霜所致，殊途同归，表达效果不是一样吗？"老总默许，写了张字条递给她："你去人事部报到，先搞推销，试用期3个月。"郑小姐十分珍惜来之不易的工作，满腔热情地投入到工作中，认真学习化妆和服饰搭配技巧，一个月下来业绩显著，人也时尚漂亮了许多，她现在已是该公司的副总经理的。

在面试的时候，如果能够巧妙利用自己的弱势，就很可能反败为胜。关键是要把自己的弱势跟公司利益巧妙地结合起来，这是智慧的表现。在面试过程中，辨认陷阱问题，只要听懂考官的言外之意，就可以完美躲避陷阱问题，在面试中脱颖而出。

保持清醒头脑，细节决定面试的成败

古语有云："千里之堤，溃于蚁穴。"细节往往决定一件事的成败。世界上没有真正的完美，但是无论企业也好，人也好，都应该有一颗追求完美的心，细节可以造就完美。

众所周知，美国是全世界汽车业竞争最激烈的地方，但是美国在汽车界龙头老大的地位在 20 世纪 70 年代石油危机之后发生了动摇，这主要是因为日本小型汽车的崛起。从 70 年代到 90 年代，日本汽车大举打入美国市场，势如破竹，给美国汽车市场造成了巨大损失，追究其中的根源，就是在于日本汽车企业制定了"一切围绕细节"的战略决策。

以丰田公司为例，在汽车的调研这件事上，该公司表现出了日本人特有的精细。发生在 20 世纪 90 年代的一件小事能够说明丰田公司市场调研的精细程度：

一位彬彬有礼的日本人来到美国，没有选择旅馆居住，却以学习英语为名，跑到一个美国家庭里居住。奇怪的是，这位日本人除了学习以外，每天都在做笔记，记录的是美国人居家生活的各种细节，包括吃什么食物、看什么电视节目等。3 个月后，日本人走了。此后不久，丰田公司就推出了针对当今美国家庭需求而设计的价廉物美的旅行车，大受欢迎。该车的设计在每一个细节上都考虑到了美国人的需要，比如针对美国年轻男士喜爱喝玻璃瓶装饮料而非纸盒装的饮料这个特点，日本设计师专门在车内设计了能冷藏并能安全放置玻璃瓶的柜子。直到该车在美国市场推出时，丰田公司才在报上刊登了他们对美国家庭的研究报告，并向那户人家致歉，同时表示感谢。

正是通过这样细致的工作，丰田公司很快掌握了美国汽车市场的情况，5 年以后，丰田制造出了适应美国需求的轿车——丰田科罗娜。

人生一世，无论是做人还是做事，都要注重细节。我们需要改变心浮气躁、浅尝辄止的毛病，保持清醒的头脑，把小事做细、做实。要知道，任何一个细节没有考虑到、没有做到位，就有可能导致满盘皆输。生活是这样，面试更是这样。

3 年前，张庭毕业于某交通大学交通运输专业，在东北某大型国有集团找到了一份工作。两年后，张庭来到上海，不久就进入一家合资物流公司，在仓储部门任仓储调度。

2004 年 5 月合同到期，已升迁到仓储主管的张庭离开了公司，踌躇满志的他把目光瞄准了 500 强外资大公司。张庭第一次面试的大公司是世界 500 强、全球 4 大快递公司之一的荷兰 TNT 的子公司——一家专做汽车配件的汽车物流公司。

5 月上旬某日下午 1 点，他去参加面试。他先填写的是中文报名表。在填报具体职位时，他有点犹豫，在空格中写了两个职位：运输主管和仓储主管。面试官是两位中国人：一位人力资源部经理和一位物流部经理。自我介绍结束后，物流部经理首先问道："你为什么填两个职位，你到底应聘哪个职位呢？"张庭说："我学的是交通运输，在东北做过运输管理工作；来上海后又做了 1 年仓储管理工作，两个岗位都可以做。"

物流部经理用不太信任的口气说："我们要求有 5 年相关工作经

验，你只工作了 3 年，不符合我们的岗位要求。你以前做的是快速消费品，我们做的是汽车配件，你的专业经验也和我们的岗位不符。"尽管他竭力辩解，两位面试官还是不为所动，张庭就这样与这家公司失之交臂。

后来，张庭分析面试失败的主要原因，表面上看虽是专业经历欠缺，但填两个应聘职位这一细节失误也难辞其咎。不论面试者出于什么理由，用人单位只会看你在面试时的表现，并且凭这些表现来判断你是否适合他们公司。我们只有从小处着手，从心理、品质等方面全身武装起来，才能打好面试这场战斗。

面试中提问并非面试官的专利

求职者应该明白：面试中的提问并非面试官的专利，前来应聘的求职者也可以在适当的时机向面试官提问题。这样不但可以更好地了解面试官和公司，还可以更好地互动，为你的面试加分。一般情况下，面试官会在面试快要结束时，以一种看似自然而又礼貌的口气向求职者发问："今天的面试就到这里了，不知您还有没有其他问题要问？"许多求职者看到面试已经快要结束了，不由得舒了一口气，一直绷紧的神经也开始放松下来，对待上述提问通常会出现两种情形：一是以为"时机"已到，于是频频发问，甚至有的着急地问："你们会录取我吗？"或者"你们对我的感觉如何？"等；二是漠然地回答"没问题"。其实这个问题也往往是一个圈套，对待这个问题大有讲究，求职者在回答时应根据当时的情况来注意三方面的问题。

根据面试官对待自己的态度来回答

通常情况下，通过面试的全过程，求职者就可以大概判断出用人单位对自己的兴趣，如果对方仔细询问工作经验、反复询问待遇要求、反复了解上下班路途、表情热切等，则说明对方的态度是积极的。反之，若三言两语就结束面谈，问题不够深入，且从未涉及薪水待遇，则可以看出对方的态度很消极。如果判断对方的态度是积极的，求职者不妨自己先问一两个问题证实一下自己的判断，反之则只要问一个问题就可以了，这完全是出于礼貌的需要。

二、根据当时的实际情况来应变回答

一般说来，在用人单位表示出对求职者有极大兴趣的前提下，针对初试、复试的不同情况可以询问不同的问题。初试时提出的问题应尽量少涉及薪金待遇方面的问题，而应询问有关工作职责、业务范畴之类的问题，这样可以使用人单位感受到求职者的敬业精神：在复试时可以讨论薪酬福利、交通、培训等同个人利益比较相关的问题，问到个人待遇方面的问题时要谨慎适度，用人单位介绍过的就不必多问，也不要喋喋不休，更不能表现出十分精明的样子。

三、根据最后的意向而确认回答

每个求职者都应当确信：通过数次面试，下列问题已是心中十分明了的，如果心中无数，则一定要问清。这些问题主要包括用人单位的规模、所应聘职位的职务与职责、技术与设备水准、产品的水平、市场占用率、用人单位的发展目标、求职者所处部门的纵向和横向的关系、薪资待遇、其他福利等。如果求职者尚未搞清楚上述的全部问题而不提问题，或只在某一两个问题上反复计较，都是不理智的行为。

在回答"不知您还有没有其他问题要问？"这样的问题时，求职者既不能表现出太自然和随便,更不能表现出过分热切和过分迫切的心情,有可能最后的提问会成为面试中最重要的内容,求职者如何回答该问题可能会影响自己本次求职的成功与否。因此,求职者在回答这类问题时最好应随机应变、审时度势、适当提问、理智回答。

求职者可以通过提问的形式来确认自己正确理解了面试官提出的问题或澄清一些模糊的信息,尤其在最后,面试官总会留一些时间让求职者补充信息,求职者可以把握这个机会来给自己加分。

无论你是否已经在面试的交谈中解决了心中的一些疑问,都应该把握住这个最后的机会,提前准备好一些高质量的问题。因为面试官在回答你提出的问题的同时,也会考核你提出的问题的质量,你的提问能力也是面试考察的一部分。

如果你说没有问题,面试官可能会猜测你是否真的很重视这份工作,或者怀疑你的思考能力。所以,求职者要把握好这个机会提问。同样,如果你对自己在面试中的表现感到非常满意,千万不要在这最后关头放松情绪,大意地对待这个环节。你可以这样提问面试官:

这项工作最大的挑战是什么?

这个问题让你知道你有可能承担的压力,同时也给了你展示自己能力的机会。在听完面试官的回答后,适时地表示自己的看法和信心将会给你的面试成绩加分。

为什么目前招聘这个职位?

从面试官对这个问题的回答中,你能知道你的前任为什么离开,同时还能分析出这个职位究竟是机会还是陷阱。

面试后的流程是什么样的?

面试官会告诉你是否还有笔试,或者第二轮、第三轮面试,以及大概的招聘流程，这样你就能做到心中有数，以便继续为未来的求职面试做准备。

我什么时候能得到回复？

面试官回答你这个问题之后，你就可以掌握什么时候该跟进了，也可以了解自己的面试成绩怎么样，是否在合理的期限内得到了对方的回复。

我在公司的成长空间如何？

这个问题应该是现在大多数求职者所关心的。求职者向面试官提出这个问题，能表明自己有上进心，并有意长期在该公司工作。假如对方被这样的问题难倒，你就可以判断这家公司的成长空间不大，但是如果他能详细地解释，你就要细心聆听，借机表示你对该职位的重视，比如你可以继续问面试官：您希望我做出怎样的成绩？

另外，求职者提出的问题要视面试官的身份而定。面试前，求职者最好弄清面试官的职务，要知道面试官是一般工作人员还是负责人，如果是负责人，到底是哪一级的负责人。要视面试官的职务来提问题，不要不管面试官是什么人，什么问题都问，搞得面试官无法回答，这样的问法不但没有起到提问的效果，反而容易让面试官对你产生反感。如果你想了解用人单位共有多少人、职称结构、主要业务方面的问题，就不要向一般工作人员提问，而要向用人单位的负责人提问。

面试时还需注意提问的方式、语气，有些问题可以直截了当地提出来，如单位的人员结构、岗位设置等。有些问题则不可直截了当地提出，而要婉转、含蓄一点。

求职者要注意，不要提模棱两可、似是而非的问题。特别是与职业、专业有关的问题，一定要确切，不要不懂装懂，提出幼稚可笑的问题。因为面试官从提问中可以看出求职者的知识水平、思维方式、个人价值观等。

另外要记住，你提出的问题并不是为了难倒面试官，所以不要询问一些专业性很强的问题，否则会适得其反。

如何不动声色地与面试官谈薪酬

每个求职者在面试最终都会面临薪酬的谈判，很多人都认为这是一个很棘手的问题，提高了说不定会把雇主吓走，提低了自己又吃亏。尤其是当雇主提出最低付薪标准时，并表示可以协商时，求职者应该怎么办呢？针对这个问题，也需要我们提前做一些准备工作。

在面试前，要预先计算各项生活开支，确定自己的底线，如果最薪水低于这条底线，就没有必要进行协商了，因为这份工作根本无法保证你的正常生活。同样，你有底线，雇主也有付薪水的最高限度，超出最高限度他们就无力给付。因此，底线和最高限度是两个关键点，协商时要特别注意最高限度是否比你的底线还要低。

如果不能确定是否被录用，应尽量避免讨论薪水的事。但事实上，很多面试官喜欢在面试进行不久之后，就问求职者希望的薪资待遇。

陈芸应聘一家外资公司的行政助理，面试进行得还算顺利，陈芸经过层层测试，最终见到了公司的人事总监 Peter。

Peter 直接问陈芸："你期望的年薪是多少？"

陈芸不太确定自己是否已经被录用，想先避开这个话题，便跟

Peter说："可否先让我了解一下具体的工作内容？"

Peter回答说："行政主管随后会告诉你具体的工作内容。"

陈芸认为必须得直接面对薪酬的问题了，她和Peter说："首先我想确定公司是否认为我是合适的人选？否则，谈薪水尚言之过早。"

Peter说："如果薪水可以谈妥，我希望我们合作愉快。"这时，陈芸心里的一块石头终于落下，她说："我尊重公司的薪酬制度，但是我期望的年薪是不少于……"

不要主动提及薪水的事，除非面试官已经完全确定你是唯一合格的人选。这个判断标准有以下几点：你已对他们有相当的了解，知道他们何时较强硬，何时较有弹性；你明白该职务的工作性质和内容；你已进入决定性的面试，而且很清楚那家公司和那个工作正是你最需要的；你被暗示或明示你就是公司要找的人。

之所以要延后讨论薪水的事，是因为如果你在面试时表现出色，让公司认为你就是合适的人选。为了争取让你加入公司，他们可能会提出比原有标准更高的薪水。

当面试已进行到一定程度，该是谈薪水的时候了，最重要的时刻终于来了。通常来说，只要求职者开出的薪资不是太离谱，用人单位都会作为参考，先具体看其资质是否符合，有意向者再面对面地具体谈薪。但你要记住，绝对不要比对方先提出确切的数字。根据多年的研究与观察，在薪酬谈判中，先提出数字的人往往是输家。只有有经验的人才知道如何掌控局面，而最先提出薪水数字的一方往往经验不足，

现代的薪酬准则协商已变得愈来愈复杂，很多职位的薪酬并不是固定的，也就是有一定的协商空间。如果你应聘的职位在薪资部

分有协商的余地，你就要懂得协商的技巧，一般在公司提出的数字上浮动 10% 是可以接受的。假如没有协商的空间，而且薪水还低于你的底线，为了自己的正常生活，还是放弃吧。

合理的薪酬对求职者来说是很重要的，那么如何能够争取到一个比较理想的结果呢？在谈薪酬的时候要注意以下细节。

1. 税前税后的薪酬有差距

一般情况下，用人单位说出的月薪通常是税前收入。而求职者在谈及自己的薪资期望值时，通常指的是到手的收入，也就是税后收入。这两者之间有一定的差距，而且收入越高，差距越大。所以，求职者最好事先计算一下税前收入和税后收入的差距。

2. 期望值是一个浮动范围

如果是在职人士，且目前并非着急找工作，那么期望值可以在参照目标市场薪资水平的基础上，根据自身情况而定；如果是急于找到工作的离职人员或者应届毕业生，期望值的设定应尽量不要超出目标市场的薪资水平。由于社会经验和工作经验不足，再加上人才市场供大于求，应届求职者最好不要在薪资方面要求过多。

3. 各种福利不容忽视

在双方进行了几轮面试，并且有一定意向后，薪资待遇才会被提出来讨论。这时，求职者要了解的就不是纯粹的月收入，而要了解公司的薪资架构、发放政策以及各种福利，因为这些都将影响到求职者日后的生活质量。综合考虑这些因素，折算为一定的现金量，再和自己的底线相比较，最后做出正确的抉择。

4. 职业发展重于薪资

如果你是一个注重职业发展、关注个人职业发展规划的人，那一定要把前途看得比钱途要重要。如果这份工作非常符合个人的职业发展规划，而且自己对此又非常感兴趣，那么就不要太计较薪资待遇上的一点点不满意。因为，个人长远的发展才是最重要的。

现在，一些刚毕业的大学生存在攀比心理，喜欢在和用人单位谈薪的过程中拿同学的收入来做比较，这其实是不可取的，因为每个人的具体情况是不同的。大学生应尽早明确自己的兴趣所在，做出自己的职业发展规划，这将有利于自身的长远发展。

面试中，这些话不要说出口

为了获得心仪的工作，我们参加面试时都希望自己表现好，进而获得好的结果，可往往因为说了一些不应该说的话而导致面试失败。作为面试者，我们需要清楚地知道，哪些话是不适合说出来的。

面试官： "请简单介绍一下你自己。"

应聘者 A： "我是一个很普通的人……"

应聘者 B： "我今天准备得不太好……"

面试官让你简单地介绍自己，其实是给你一个机会让你证明自己的优秀，但是案例中的两名应聘者显然都没有把握住这个机会，前者的潜台词是"我能力一般"，后者的潜台词则是"我对这份工作并不算重视"，所以他们的失败是显而易见的。在面试过程中，上述案例中的这两种话是绝对不可以说出口的。

当然，还有些条件不算太优秀的面试者，一进公司就突兀地询问面试官："你们要招几个？"这个问题一出口，面试官就能立即感受到你的不自信。他们要招的是具有实力、能在竞争中脱颖而出的人，这么不自信的提问自然会给自己减分。

林笑笑是社会保障专业的大四学生，她收到互联网公司新媒体营销岗位的面试通知时，开心得跳起来了。在面试中，面试官问她："你为什么想来我们公司？"林笑笑为了表明自己愿意加入公司的强烈愿望，说："贵公司平台大，发展前景好，我还听说公司的培训机会很多，我想来好好学习。"结果，她面试失败了。

求职者需要注意的是，公司不是学校，雇你来为了给公司创造价值的，学习的目的也是更好地工作。事实上，公司没有义务发着工资还要培养你的能力，在面试官看来，求职者居然准备拿公司的工作机会练手和锻炼自己，这样的人还是不招为好。

王梦涵专科毕业后一直待业，因此有一点自卑。她面试一家电力公司前台岗时，面试官说："我们会在参加面试的十几个人中最终留下两名优秀者"。王梦涵生怕失去这个机会，赶紧说："我会很努力地，我什么都愿意做，只要公司能给我一个机会，我一定会好好表现的"。最后，她也面试失败了。

求职者要明白，态度不等于能力，公司重视的是结果而不是决心。不管你是全力以赴还是认真努力，没有达到目标都是无用的。案例中的王梦涵非常想得到这个职位，甚至不惜放低自己的姿态，也就是在无意中告诉面试官：我对自己没有信心，我害怕竞争。面对这种情况，求职者可以提供具体的行动步骤和目标，比如谈谈你会怎么做，如果做到会怎么样，如果做不到又会如何调整。尽量说些执行方面的事，公司喜欢的是会执行的人。

周彭越是某师范大学汉语言文学专业的大四毕业生，在 3 月份的一次招聘会上，她和一家互联网公司的招聘人员聊得挺愉快。交流快结束时，招聘人员随口说了句："你的综合素质挺不错，怎么这么晚才出来找工作呢？"周彭越迟疑了一下说："父母希望我考研，从大三到大四逼了我一整年，我其实并不想考研，但迫于父母的压力，我还是考了。考完研之后，我才开始找工作。"

招聘人员脸上原本的笑容有点僵，对她说："你的情况我们了解了，请回去等通知吧！"周彭越还有点纳闷，刚刚谈得挺好，面试官怎么说变脸就变脸了呢？

虽然周彭越的条件很不错，但公司还是不愿意招聘那些不能独立自主的人。用人公司需要的是能独当一面、能承担责任的员工，肯定希望她可以坚持自己、排除万难去实现目标，而不愿意录取一名容易妥协的人。

在生活中，的确有很多毕业生在就业方面会受到父母的影响，但在和面试官的沟通中，求职者要表现出自己的主见，比如这样说："我会对我自己的人生负责，我知道自己要干什么、该干什么。即便有时候我的选择和父母的想法不太一致，我也有信心可以劝服他们。"

面试时还有一种情况，就是却求职者借面试的机会大倒"苦水"。

应聘者 C："我有很严重的胃病，胃疼的时候令我很难受。"

应聘者 D："我真的很容易感冒，每次感冒都要拖上一个月才好，头疼发烧，难受无比。"

这类求职者大概是希望能用自己的不幸经历或许面试官的同情，殊不知这样做不但得不到对方的同情，反而会让面试官很尴尬，只想快点结束这轮面试。甚至有些面试者很希望得到那份工作，或者出于压力太大，说到自己面试失败的心酸就开始掉眼泪。面试官会认为你不能承受压力，情绪不稳定。

人都有倒霉的时候，苦难并不是求职的资本。面试的时候应摆正自己的位置，保持清醒，知道自己是来干什么的，不要说一些不经大脑的话。

> 面试官："你为什么离开上一家公司？"
> 应聘者 E："我的上司非常难相处。"
> 应聘者 F："公司待遇真是很差劲，也没有相关的福利。"

记住，永远不要在面试时说前公司和前老板的坏话，即使你说得都对，也换不来面试官对你的好感。如果你被前公司炒鱿鱼了，也不要直截了当地说："我被公司炒了。"当你诚实地告诉面试官你是被上一家公司炒掉的，面试官就会在心里思考你一定是存在某方面的问题，重新定夺你是否合适这家公司。当然这种情况下也不能说谎，可以委婉地说："我对未来的规划与公司的发展前景有一些冲突，所以离开了。"

总而言之，求职者应该充分做好面试的准备，在面试中适度地表现自己，大方地展示自己的能力、知识、特长、性格等情况，给面试官留下好印象；另一方面要避免自己犯错，说不该说的话，这样才能赢得面试官们的青睐，成功跨越面试的难关，如愿以偿地得到工作。